金商道

*The positive thinker sees the invisible, feels the intangible,
and achieves the impossible.*

惟正向思考者，能察於未見，感於無形，達於人所不能。——佚名

零基礎也不怕

史丹佛給你最好懂的經濟學

總體經濟篇

The Instant Economist

Everything you need to know about how the economy works

提摩太・泰勒 Timothy Taylor——著
王培煜——審訂 林隆全——譯

This edition published by arrangement with Plume, a member of Penguin Group (USA) LLC, A Penguin Random House Company.

導讀

王培煜（現任康科特股份有限公司財務主管）

從「美中貿易大戰」、「二〇一九經濟成長率」到「台北股市收盤行情」……在這個資訊爆炸的年代，我們生活周遭（包括電視與報紙及網路新聞報導）充斥大量的經濟詞彙；事實上，這些經濟議題正左右著我們的生活。為了釐清相關的話題及事件，現代人對經濟學知識的理解其實是非常有必要的。本書改版自《史丹佛給你讀得懂的經濟學：給零基礎的你，36個經濟法則關鍵詞》一書，原書於二〇一四年第二季在國內出版上市，受到廣大讀者的好評，更獲得從國高中、大學相關科系（包括研究所）老師們、系主任推薦與採用，做為教材及指定讀本。

如何成為一個「即學即用」的經濟人（instant economist）？即使像品嚐即溶咖啡（instant coffee）般迅速，也一樣能忠於原味；為了讓更多人能夠成為對經濟議題可以侃侃而談的經濟人，原書作者馭繁就簡、深入淺出，從史丹佛大學經濟熱門課程講義，華麗變身成為商業類暢銷書籍，使得國內外莘莘學子到普羅大眾都能受惠。中文版為了達到語句通順、易讀易懂，潤稿與審訂過程字斟句酌，盡可能重現「學經濟，讀這本就夠」的最大特色。

對初學者來說，如何選擇一本入門的書籍並不容易。本書原本就是為了史丹佛大學經濟熱門課程所精心設計的教材，再加上詳盡的中文版解說，成就了這本真正為讀者量身訂做的「生活經濟學」。本書之所以可貴，在於它運用生活中發生的小事為例，闡釋原本深奧的學理。例如：以菸癮，甚至是毒癮來說明「彈性」這個重要的經濟觀念（夠另類吧！）；最後再連結、延伸到退休金（可以對應到我們的軍公教年金改革）、油電混合車的購買誘因等應用。

一般經濟學教材不會討論個人投資議題，但本書卻特別介紹了這個大家都很關心的事情。從《個體經濟篇》第一章〈經濟學家如何思考〉開始就貫穿全書的重要觀念：「權衡取捨」（trade-offs）。我們可以觀察到，經濟學對個人最有影響力的運用時機，正是有關投資的行為；更建議投資一定要考慮其他三個要素，即風險、流動性以及稅負。這樣直截了當地把正確的經濟學思考模式與個人投資串聯在一起，讓讀者很容易就融會貫通。正如同個體經濟學總結所提到的「坦然面對權衡取捨和風險」，不僅是對個人的投資行為是如此，對整個市場機制乃至於政府施政所涵蓋的各種經濟議題和抉擇，其實也是要有風險意識與誠實面對的態度。養成讀者從生活中實踐經濟學是本書最大的企圖，「即知即行」也因此不再是艱難的課題。

至於一個國家所面臨的經濟問題，例如經濟成長和國際貿易收支餘額，還有整個社會的失業與通貨膨脹問題，這四個目標正好就是《總體經濟篇》所探討的主要課題。作者語重心長指出，經濟成長乃是長期間內影響生活水準的重要因素；落後與發展中國家終究還是可以利用「追趕式成長」來提高國內的生活水準。實務上，政府必須審慎施政，包括維持合理的貿易逆差、活絡的國內投資以及較高的國內儲蓄，才能適足以支應國內經濟成長。為了面對短期經濟波動所造成的高失業低通膨，或是低失業高通膨，短期間內重視需求的凱因斯派經濟理論正好可以提供解決方案。過往，經濟學界不同學派之間總是針鋒向對，本書作者則是在〈總合供給與總合需求〉及〈失業與通貨膨脹之取捨〉這二章節特別強調融合凱因斯派與新古典學派的「混合模型」，一方面因應短期經濟波動，另一方面兼顧長期經濟成長，這也代表了當代經濟學家的主流觀點。

衰退是所有社會都不樂見的事，為了兼顧短期波動與長期成長，我們必須依賴總體經濟政策的二種主要工具，即涵蓋租稅與財政支出的財政政策，以及包括中央銀行提高或降低指標利率（升息／降息）的貨幣政策。作為一個思考總體經濟的經濟人，在面對經濟環境的變化，像是對抗經濟衰退或是促進經濟成長，運用政策工具的時候就必須比一般人更加準確分析與審慎抉擇。

回顧過去十年，美國聯邦準備理事會曾經三度實施「量化寬鬆」貨幣政策，而在主要經濟體低通膨的情況下，歐洲央行以及日本的中央銀行也積極跟進。反觀美國停止「量化寬鬆」政策之後從二〇一五年十二月開始總共九次升息，卻沒有看到歐洲與日本的央行效法升息；而最近國際金融市場普遍預測美國二〇一九年可能完全停止升息，經濟成長趨緩的風險預料將再度席捲全球。聯準會是否升息的決策，對全世界持有美元資產及可能有美金借款需求的個人、企業甚至是國家而言，美國的一舉一動也都動見觀瞻。

全球化浪潮正使得一個國家或地區的金融危機迅速發展成國際金融風暴，而遭遇國際金融風暴必然的結果是經濟衰退。未來金融風暴的原因可能不再是網際網路泡沫破裂，或是次級房貸危機與金融機構倒閉；何時發生卻是經濟理論模型無法預測的。之前我們提到個人投資要考量流動性，而一個國家在面對金融風暴時，流動性更是穩定金融市場局面的救命金丹。

正如以上所說，像是權衡取捨、風險或是流動性這些經濟學的概念與觀點其實是環環相扣、前後呼應的。本書不僅帶您了解個體經濟學和總體經濟學的所有重要問題和熱門話題，也能讓您因此觸類旁通，在生活中實踐經濟學的要義。經濟學並不難懂，經濟問題也不難解，先從閱讀本書開始，建立一個正確的思考架構吧！

推薦序

大道至簡──《史丹佛給你最好懂的經濟學》

楊少強（商業周刊副總主筆）

德國物理學家、量子力學開山祖師普朗克（Max Karl Ernst Ludwig Planck）曾透露，他早年求學時本想選經濟學，後來覺得太難才選物理學。英國天才數學家兼哲學家羅素（Bertrand Arthur William Russell）卻說，他本來念經濟學，卻發現太簡單才改讀哲學與數學。那麼，經濟學到底是難、還是簡單呢？

事實是，經濟學又難又簡單。它難在經濟運作的規律，很少人能簡單明瞭地表達出來。它簡單在於：經濟規律不像化學、物理學規律那樣變化無端，它只是人性「趨利避害」的展現而已。

那麼，有沒有人能把簡單的經濟規律，用簡潔的方式表達出來呢？這本《史丹佛給你最好懂的經濟學》，正好就是這樣一本書。

這本書的原文書名是：*The Instant Economist*，直譯是「速成經濟學家」，這並非吹牛。因為經濟學就是探討人的行為的規律，它是由一連串概念組成的。一般人只要掌握這些概念，就足以像經濟學家那樣思考。事實上，經濟學家與非專家的差別，只在前者能用高深的數學，講述簡單的經濟原理而已。

這本書最大優點，正是以簡潔的文字解釋經濟規律。例如「股價漲跌是不可預測的，這就是經濟學家所謂的『隨機漫步』(random walk)。」（個經篇、第八章）。作者解釋「道德風險」：「擁有保險會使人比較不會採取預防措施，來避免或阻止壞事發生。」（個經篇、第十七章）

這些文字都沒有艱深術語，讀者很容易掌握這些概念。筆者對「李嘉圖均等定理」（Ricardian Equivalence）印象特別深刻，本書的解釋是：「當人們注意到政府預算赤字偏高時，便預期在未來某個時間點會增稅，因此必須增加儲蓄。」（總經篇、第十章）

當年筆者在讀總體經濟學時，教科書花了一整章、用諸多圖形解釋此理論，但本書作者兩三句話就解決，而讀者也能立刻理解此理論的涵義：政府支出增加會被私人消費下降所抵銷，因此財政政策無助經濟。作者若無深厚的經濟學素養，是很難如此「化繁為簡」的。

本書另一優點是：它不陳述標準答案，而是引導讀者思考不同論點。例如「最低工資」，經濟學理論說，此舉將導致低技術工人失業。但作者提出另一種論點：最低工資提高二〇%，假設使低階工人工作減少四%，但也意味著九六%的低階工作可以加薪。同時低階工人並非一年到頭都有工作可做，雖然他們工作時數減少四%，但他們有工作時卻可加薪二〇%。

筆者雖認為此說法站不住腳，但也被逼著去思考此邏輯是否正確。這正好顯示本書作者沒有偏見：當問題有正、反不同看法，作者並不急於將某一看法灌輸給讀者，而是希望讀者去思考這些看法背後的理由。這正是本書能帶給讀者們的收穫。

在筆者看來，本書也有缺點：談到所謂的「外部性」，作者雖有提到

「財產權」，但著墨不多。事實上在寇斯（Ronald Coase）、阿爾欽（Armen Alchian）、張五常等經濟學家的研究後，更有說服力的結論是：「外部性源自界定產權的成本太高」，「在自利驅使下，人們有誘因以各種手段去減少外部性。」因此政府管制往往是不必要的。這顯示本書作者對此概念並未抓住核心。

但這只是筆者個人吹毛求疵，畢竟此書不是學術論著，它是為一般人而寫的。《史丹佛給你最好懂的經濟學》涵蓋了競爭、寡占、利率、貿易餘額、總合供給與需求等議題，一般人只要讀完此書，就足以掌握這些經濟學概念。要知道許多在鏡頭前高談闊論的財經網紅專家，可是連這些最基礎的概念都沒有哩！讀完此書，就足以讓你不再被那些財經專家所欺，或許這正是本書的最大價值。

推薦序

讀懂經濟學的Before and after

小賈（懶人經濟學創辦人）

小賈的一天

小賈是剛出社會的新鮮人，他每天早上八點準時起床，花十分鐘到捷運站，再搭捷運去公司上班。

公司專做出口貿易。聽說最近有什麼「貿易戰」，他不太清楚那是什麼，但倒是有感受到最近工作愈來愈閒。

有多閒？老闆不在的時候他都在偷玩鬥陣特攻，只玩托比昂的他，玩了兩年、還是銀牌。玩了二個小時後，不但沒升分，還差點掉到銅牌。他心想：唉、去找美女同事Riva聊天吧！

在Riva眼裡，小賈雖然年輕又帥，但每天到公司就是偷打電動，還喜歡花錢買動漫公仔，十足是個油膩的小生。

眼見小賈走來，Riva心中已經不知道滑倒多少次了。「好油啊！還是快閃好了。」

撲空的小賈心裡有些失望，但他很快轉移心情，邊吃午餐、邊滑手機看新聞，看見某新聞台不斷提及一位政治人物：發大財君！

小賈心想：又是你！煩不煩啊！於是他在貼文留言了：「發你個頭，健保那麼貴有本事就全民免費……」，但他根本不確定健保費是不是「發大財君」的管轄範圍。

下班後，他在書店看見本書，心想自己工作也是經濟相關的，就買回家讀好了。沒想到，讀著讀著、欲罷不能。

小賈的隔天

小賈是剛出社會的新鮮人，他每天早上八點準時起床，花十分鐘到捷運站，再搭捷運去公司上班。

不過他今天示意到了，原來腳底下平整的柏油路、票價幾十塊的捷運，都是所謂的公共財，是自己辛苦繳的納稅錢。（個經篇、第十四章）

公司專做出口貿易。美女同事Riva問到為什麼最近工作那麼閒，小賈居然能說出什麼「一帶一路」、「中國製造2025」、「美國關稅政策」……都是最近公司沒生意的原因；甚至能深聊到「西歐民粹主義崛起」的話題，聽得Riva一愣一愣的。（總經篇、第十五章）

至於鬥陣特攻？當然照玩不誤，讀經濟學又不是讀道德經。不過小賈這次不選托比昂爬分了，改玩沒人選的坦克，沒想到勝率增加了不少，轉眼就升到了金牌。問他為什麼不玩托比昂？他說爬分是目的，玩坦克的機會成本是最低的，雖然不能玩托比昂的心理成本也蠻高的。（個經篇、第一章）

午餐時間，Riva主動靠過來，問桌上的公仔是哪個動漫人物？小賈說：是什

麼不重要，我知道妳覺得我很愛亂花錢。但妳知道嗎？不把這些錢花掉的話，每年通貨膨脹一樣會把這些錢吃光！（總經篇、第七章）

「當然，花在妳身上的效益更高。」Riva心中的小鹿亂撞、滑倒了好多次。

月底發薪水了，小賈開始幫自己制定儲蓄計畫，因為看完書後他發現財富自由是很重要的，也看了一些理財商品，用不可能三角去驗證他們的真偽：收益率、流動性、低風險是不可兼得的。（個經篇、第八章）

下班後，小賈回家路上邊滑手機看新聞，又看見某新聞台不斷提及的那位政治人物：「發大財君」，於是他又貼文留言：「發大財當然好，請問市長的經濟政策是什麼？今年的財政預算又是如何編列的？」（總經篇、第八章）

把這本書讀透，你便能活得更明白。

前言

在豪宅裡對上流社會人士讚揚經濟學家多有智慧，就像是在街頭宣揚政治人物有多忠誠信實一樣，簡直是天方夜譚。面對種種偏見，我仍然強烈主張經濟學有助於我們了解這個世界。內人說經濟學是我的宗教，而我是傳道人，所以才如此堅信不移。

我也多次在研討會或各種社交場合，被要求推薦一本好讀的經濟學專書。他們並不想看讚美自由市場的書，或關於政府干預市場之必要的學術論文；他們對政治與政策自有看法，也有自知之明：承認自己的某些觀點，或多或少是建立在不可靠或不存在的經濟學認知上。

我能夠體諒這種狀況，坊間有太多經濟學專書，各種稀奇古怪的都有，我很難指出一本輕鬆易讀的非教科書，可以讓人完整了解經濟學的重要原理。我希望你正在閱讀的這本書，可以傳授個體經濟學和總體經濟學當中有用的知識。本書雖然不足以讓你有能力做出經濟預測，但絕對能使你更有自信且更有說服力地與人聊起經濟話題。

我知道你在想什麼，你懷疑我在企圖推銷某種經濟政策。如果是這樣，那我的政治立場傾向哪一方呢？這種懷疑論是可以理解的，但真相卻是：如果你懷疑本書內容會偏向自由派或保守派的經濟政策，或是任何政黨，我可以簡單回答「不會」。專業的經濟學家，無論他們的政治立場是什麼，都會借用我在本書將討論的工具和概念。因為，**經濟學不是一套答案，而是追尋答案的架構**。

舉例來說，我們可以把經濟學的研究分成兩大類：個體經濟學和總體經濟學。個體經濟學是從個人、企業的觀點展開，總體經濟學則是探討經濟的整體觀點。有一個古老但貼切的比喻：總體經濟學就像在看森林，個體經濟學則是看個別的樹木。學好經濟學的訣竅，就是對於森林和樹木兩者，能有一個整體的理解。

〈個體經濟篇〉我會先討論商品市場、勞動市場、資本市場如何運作，然後擴大範圍，討論不受約束的市場可能遇到的問題，例如獨占及缺乏競爭、汙染與環境危害，對於新技術、創新和大型公共基礎建設的缺乏等問題，貧窮和所得不均持續或上升，以及保險市場運作失衡。上述議題都提供了政府介入的潛在理由，但為避免太偏激，個體經濟學的最後一章會提醒讀者，民主政府試圖處理這些議題時也可能會失敗。

〈總體經濟篇〉則會探討包含經濟成長、失業、通貨膨脹、國際貿易、貨幣政策與財政政策等議題。

無論你對市場和政府各自扮演的角色有什麼樣的看法，我希望藉由讀懂經濟學、能讓你激發出不同的想法。我也希望它能夠提供一個語言和架構，讓你更清晰地表達自己的信念，並且在這時代的各種經濟論戰中，成為一個更聰明、成熟的參與者。

目錄

第一章

總體經濟學和國內生產毛額
Macroeconomics and Gross Domestic Product

人均 GDP 較高的經濟體，
在很多方面都有較好的發展。

總體經濟學是總合的、由上而下的觀點，把整個經濟視為一個大型有機體，內容包含經濟成長、失業、通膨、貿易餘額等等。總體經濟的觀點不只是一個放大版的個體經濟學而已。個體經濟學著重於商品、勞動及資本的個別市場，以及壟斷、競爭、汙染、科技、貧窮、所得不均、保險，以及治理等議題。個體經濟學沒有實際的語言，來談論國家的總體經濟問題，例如經濟成長和貿易逆差。個體經濟學可以解釋為什麼商品價格可能上升，或者為什麼公司可能雇用或解雇員工，但它無法掌握總體經濟的議題，例如整個社會的通膨或失業。此外，個體經濟學沒有討論總體經濟政策，例如中央政府預算、預算赤字，或中央銀行會影響利率和信用的行為。

事實上，在個體經濟出現的個人理性行為，當團體每個人都這麼做時，有可能導致出乎意料的結果。想像你在人山人海的體育場裡聽音樂會，你想更完整觀賞台上的滑稽動作，所以你站了起來；然後別人為了好好觀賞也站起來，最後所有人都站起來了。每個人都是出於個體經濟、個人觀點的理性行為，但最後總體經濟的結果，是沒有人能得到比原來更好的觀賞經驗。

經濟政策的四個目標

為了提供一個思考總體經濟政策的概括架構，我們將研究總體經濟政策的四大目標，然後以一個分析架構思考目標之間的關係，再以兩組工具來完成這些目標。

總體經濟政策的四個目標是：（一）經濟成長；（二）低失業率；（三）低通貨膨脹率；（四）可支應成長的貿易餘額。

討論總體經濟政策的架構稱作**總合供給與總合需求模型**，這個架構有助於建構總體經濟分析，而且使我們能夠分析成長、失業、通膨和貿易餘額之間的取捨關係。

總體經濟政策的兩組主要工具，是財政政策和貨幣政策。財政政策是政府稅收和支出的政策，包含政府預算和預算赤字。貨幣政策是指中央銀行的政策，它會影響利率、信用以及社會上借款與放款的數量。在正式探討總體經濟學的主題之前，先應確實了解「國內生產毛額」（Gross Domestic Product，GDP）的概念，它是一個國家經濟規模的衡量標準。**GDP的定義是：計算一個經濟體一年內所生產的最終商品和服務的總價值，GDP可以根據產銷的商品價值，或需求**

與購買的商品價值來衡量。就定義而言，所購買與所銷售的總數量需相等，所以衡量GDP的這兩個方式，會導出相同的答案。

舉例來說，二〇〇九年美國的GDP是一四．二兆美元。從生產面來看，一三．四%是耐久財，例如冰箱和汽車；另外一三．四%是非耐久財，例如食物和衣服；六六．二%是服務；七．七%是公共建設基礎設施（這些數字加起來超過一〇〇%，是因大約一．一%的產品是存貨，而它尚未賣出，所以未被計入產出）。很多人考量經濟時，首先想到的是耐久財（從工廠出來的堅固的東西）；但是非耐久財的商品和服務，例如醫療、教育、金融服務、法律顧問、美髮、修車、除草、打掃以及兒童照顧等服務占美國產出的一半以上。當人們說我們生活在一個服務業的社會，指的就是這些。美國經濟的服務業比重，已經持續擴大好幾十年。

GDP的內涵

你也可以從需求面衡量GDP。二〇〇九年美國家庭消費的需求占GDP

大約七〇％。當時企業投資支出約占一一％，但它每年變化很大。政府支出約占ＧＤＰ的二一％，這個數字可能看起來有點低，因為聯邦政府、州政府及當地政府加起來一年的總稅收大約占ＧＤＰ的三分之一。然而，這個數字只代表政府直接採購的金額，政府把錢挪來照顧人民的計畫（例如退休金和社會福利），是以消費的形式出現。最後一類是出口和進口。出口是其他國家對美國產品的需求，它會加在總合需求。進口則是美國對外國產品的需求，它會從總需求中扣除。最近幾年，美國進口已經大大超過出口，這表示有貿易逆差，這個主題我們稍後研究。這裡提供一個好用的速記法，如果你問一個經濟學家ＧＤＰ是什麼，有時他會回答**ＧＤＰ＝Ｃ＋Ｉ＋Ｇ＋Ｘ－Ｍ，也就是消費＋投資＋政府支出＋出口－進口。**

有誰會真的在美國十四位數的國內生產毛額裡，去計算這些項目？答案是美國商務部轄下的經濟分析局（ＢＥＡ），會從各種調查和來源中蒐集資料，有些按月，有些按季，有些則是按年。有時政府的統計學家會先推估，在每季結束後做初步估計，當所有資料到齊後再發布最終估計。ＢＥＡ每五年會回顧它在這段期間發布的所有結果並修正之，有時候會有大幅修正。

接著，經濟學家通常會看人均ＧＤＰ，也就是每人的ＧＤＰ。這是粗略估計某特定時間和地區生活水準的方式。二〇〇九年，把一四．二兆美元的ＧＤＰ除以三．〇七億人口，即得到每人四萬六千美元。人均ＧＤＰ是一個有用的比較工具，因為它會自動調整不同國家或不同時間的人口差異。

下一個重要的估算項目稱作**實質國內生產毛額**（**real GDP**），它是經過通膨調整後的ＧＤＰ。假設在某一年，ＧＤＰ比前一年增加五％；而當統計學家研究價格變化時，發現ＧＤＰ上升的五％裡面有三％是出於通貨膨脹（意即價格變高的緣故），因此，剩下的二％才是透過生產實質增加的商品和服務。通膨的調整，對於短期比較很重要，對長期比較更是不可或缺。

ＧＤＰ在概念上仍然不完美，的確，所有的經濟統計都有不完美的地方。因為ＧＤＰ衡量的是買賣的商品，所以會影響生活品質卻沒有買賣的東西不會直接納入ＧＤＰ，代表的例子是家庭生產。大約在一九六〇年代晚期到七〇年代早期，女性進入職場人數激增，因此過去在家裡生產的很多商品和服務，例如供應三餐、家庭打掃與兒童照護，現在更有可能在市場上買賣而被納入ＧＤＰ。這是

ＧＤＰ的一個顯著變化，它不會反映社會所生產的商品與服務數量的實際變化，只反映這些商品是在家生產或從市場上購買的。

此外，有很多東西會影響人們的生活水準及幸福，但卻無法像商品般被量化。舉例來說，如果每個人一週工作減少十小時，或每年有額外的二週假期，但產出仍然相同時，ＧＤＰ不會顯示整體金額有任何增加。

汙染程度變化也不會直接顯示在ＧＤＰ上，交通擁擠或通勤距離不會如同買賣的東西般顯示，只有間接項目會納入，例如汽油或外帶咖啡的杯數。負面的事件（例如天然災害）可能導致一個城市大規模重建，這使得ＧＤＰ在短期看起來是正面的，但其實當地人的生活水準是明顯降低的。預防犯罪的成本被視為ＧＤＰ的一部分，但是實際犯罪的成本（損失和破壞）卻不是。人們的平均壽命變長而且更健康，這件事無法用ＧＤＰ以任何方式直接反映，只能在醫療服務的支出項目上納入ＧＤＰ。

即使在ＧＤＰ項目之內，懷疑論者可能會問：相同價格的東西是否實際上有相同的價值。舉例來說，一袋馬鈴薯和有機新鮮蘋果的價值相同嗎？《財星》

雜誌和色情雜誌的價值相同嗎？槍戰電影門票和藝術博物館門票的價值相同嗎？ＧＤＰ只是把買賣的東西加起來，它和價值判斷無關。

最後要注意的是，**ＧＤＰ只包含成品，不含投入製造這些商品的中間產品**，例如投入製造汽車的鋼、投入製造椅子的木材等。如果你把投入製造汽車的所有零組件如鋼材或塑膠都加進來，就會變成重複計算。此外，所有權的移轉也不會顯示在ＧＤＰ上，所以舉例來說，ＧＤＰ會反映你買的新車，但不會反映你賣給鄰居兒子的二手車；它會反映你建造新房子或裝修舊房子的成本，但不會反映你買的舊房子。當你買賣公司股份時，也不會被計入ＧＤＰ，因為它沒有創造任何東西，只是交換。只有股票經紀人的手續費被當作服務費計入ＧＤＰ。當股市大幅漲跌時，對ＧＤＰ也完全沒有直接影響。

雖然有其局限性，但ＧＤＰ對衡量經濟狀況還是一個有意義的工具。人均ＧＤＰ較高的經濟體，在很多方面都有較好的發展。它們有更個人化的消費，不只是我們想到的奢侈品，也包含醫療和教育等服務。人均ＧＤＰ較高的社會，通常也有較乾淨的空氣和水，也有較高程度的個人安全。睿智的諾貝爾獎得主羅伯特．梭羅（Robert Solow）[①]曾經說過：「如果你必須追求某個東西，那實質國民所得最大化是一個不錯的選擇。」

美國歷年的GDP顯示長期向上的趨勢。經過通膨調整後，二〇〇〇年代中期的GDP大約是一九五〇年的五．五倍。從一九五〇～二〇一〇年實質GDP每年平均成長三%。這不表示GDP在每一年都是向上成長的。**GDP呈現明顯且持續的下滑時，稱作經濟衰退（recession）**。一些經濟學家認為六個月（也就是二季）就算是持續性衰退（lasting downturn），但這個時間範圍並非官方定義。經濟衰退的起點和終點，不是由哪個美國政府機構來定義，相反地，它們是由國家經濟研究局（NBER），這個非營利研究機構的一個經濟學家委員會來定義。

根據NBER的資料，從一九〇〇～二〇一〇年，美國發生二十三次經濟衰退，即平均每五年就有一次經濟衰退。經濟學家容易注意到自二〇〇一年經濟衰退後，最近兩次衰退（二〇〇一年和一九九〇～九一年）的間隔較長而且較溫和。但二〇〇七～〇九年的衰退非常嚴重，既長且深。因此，根據GDP的表現，用一句話來總結美國的總體經濟，那就是長期趨勢向上，但這個趨勢有時會

①羅伯特．梭羅（1924-）：美國經濟學家，以其新古典經濟成長理論著稱，被稱為梭羅模型（Solow growth model）；一九六一年獲美國經濟學會克拉克獎章，一九八七年獲諾貝爾經濟學獎。

被短期的負成長干擾，通常每十年內會有一～二次。在經濟環境中，政策目標應該是要阻止或控制經濟衰退，同時要奠定長期成長的基礎。

第二章

經濟成長

Economic Growth

長期來看，
經濟成長是唯一會影響生活水準的因素。

這裡要問一個問題：你比較喜歡生活在現代化的美國社會，有一般的生活水準與六萬美元的家庭年收入，或者你比較喜歡生活在一九二五年，同樣每年賺六萬美元，而這筆錢相當於二〇一〇年的八〇萬美元？在你做選擇前，先想想：一九二五年六萬美元的年收入代表你非常富有，你可以過上奢華的生活，有一棟大房子，有僕人和一切最好的東西；然而，你也得以一九二五年的物質水準來生活，沒有現代化的電信、運輸和醫療。

你想過哪種生活？當我在各種場合提出這個問題時，人們通常回答喜歡目前的生活，比例大約是二比一。當然，這問題沒有正確答案，但它說明了：為什麼人們重視經濟成長，更甚於在某個時間點變得比別人富有。

隨著時間，經濟成長會產生複利效果。年成長率的若干差距，會在一代或兩代後造成生活水準的巨大差異。預測一個經濟體未來的價值，公式是拿它的現值乘以（1＋經濟體的成長率），括號外再乘以未來年期總數的冪次方（$PV(1+r)^t=FV$）。實際上，它和我們用來計算個人為退休生活而儲蓄的報酬率，根本是同一個公式。經濟複合成長率的計算過程，與利率複合成長率的計算完全相同。

讓我們代入一些數字來看看它會變怎樣。想像你已經得知某個經濟體每年成長一%，為了簡化計算過程，我們假設它最初GDP是一〇〇，其貨幣單位是該經濟體的假想貨幣。十年後，它的GDP會比一一〇多一些，這十年的複合成長並不多。二十五年後，每年成長一%會讓GDP變成一二八。四十年後，GDP會達到一四九。這個結果不差，也不令人驚訝。

現在我們來看每年成長率三%的情況，這大約是過去幾十年美國經濟的平均成長率。每年成長三%，十年後GDP會從一〇〇變成一三四。二十五年後，會變成二〇九。四十年後，會達到三二六。換

經濟體最初 GDP 為 100，
成長 10 年、25 年、40 年的結果

		實質經濟年成長率		
		3%	5%	8%
時間	10年	134	163	216
	25年	209	339	685
	40年	326	704	2,172

註：這個表格是用公式$PV(1+r)^t = FV$計算，其中PV是該經濟體規模的現值（在這個例子中，GDP為100），r是該經濟體的年成長率，t是時間，而FV是未來值。

句話說，每年成長三％，經過四十年，該經濟體的規模會達到三倍以上，複利的力量會造成實際上的巨大差異。

假如每年成長率是五％，又會怎樣？這是美國在景氣很好時可能出現的成長率，很多國家（包含巴西和墨西哥）也持續這樣的成長率。每年成長五％，一個經濟體最初ＧＤＰ為一〇〇，十年後會達到一六三。二十五年後，會達到三三九，超過原來的三倍。如果可以維持這樣的成長率，四十年後的ＧＤＰ會是七〇四，增加到原來的七倍以上。

最後，我們來試試看經濟成長率為八％的情況。老實說，八％就長期而言是上限了。我們談的是一九六〇年代和七〇年代日本經濟成長最快速的時期，以及中國最近數十年的成長率。雖然如此，我們還是來看看計算結果。有了八％經濟成長率，只要十年，ＧＤＰ會從一〇〇變成二一六，也就是規模會在十年內變成二倍以上。二十五年後，該經濟體會從一〇〇變成六八五，它在一個人壽命範圍的期間內，甚至可說是在一個人工作生涯的期間內，幾乎變成七倍。如果你可以維持八％的成長率四十年（從來沒有國家發生過，這裡只是為了方便說明），

GDP會從一〇〇成長到二千一百七十二。

換句話說，在一個人工作生涯的期間內（二十五～六十五歲），可以看到該經濟體擴大二二倍，這會為生活水準帶來巨大變化。

窮國可能追趕上富國嗎？

這告訴我們的是，年成長率看起來只有幾個百分點的微小差異，對未來會有巨大影響。長期來看，經濟成長是唯一會影響生活水準的東西。

當一個國家的經濟規模在起步時落後其他國家，它能趕得上嗎？當然可以，前提是它能維持一段時間的高成長率。事實上，有些經濟學家相信，以較低生產力起步的國家，也許可以利用所謂**「追趕式成長」**（catch-up growth）的優勢。因為落後國家可以複製和運用別人已發明的技術，不需要自己發明。目前看來，似乎全球低收入國家在未來應該能夠縮小人均GDP與高收入國家之間的差距。

然而，這種情況在二十世紀並不多見。從一八七〇～二〇〇〇年代早期，實際上國與國之間的貧富差距是擴大而非縮小。一八七〇年全世界最富裕的國家，其人均ＧＤＰ大約是最貧窮國家的九倍。到了一九六〇年，全世界最富裕的國家，其人均ＧＤＰ大約是最貧窮國家的三十八倍。一九九〇年則是四十五倍。事實是，世界最窮國家在一八七〇年是勉強餬口的生活水準，當其他國家經濟在過去這段期間不斷複合成長時，到一九九〇年依然停留在勉強餬口的狀況。

所得最低的這些國家，並不是因為全球化才變窮，而是因為和全世界其他地區幾乎完全脫節。事實上，全球化和國際貿易曾經對日本、中國和印度等國家擺脫貧窮有莫大的幫助。若說全球化造成貧窮，就像在怪運動使你身體過重（其實是你沒運動）。如果你沒有參與，經濟活動也就不可能對你造成問題。

然而，如果說二十世紀是高收入和低收入國家差距擴大的時代，那麼二十一世紀會是差距縮小的時代嗎？中國和印度等在一九七〇年代是全世界最貧窮的國家之一，卻在近幾十年大幅成長。如果這些模範國家可以持續成長，並且有其他國家跟進，那麼在下個世紀裡，富國和窮國之間的差距就會縮小。

對於窮國能否趕上成長，各方仍有爭議，有些人認為差距會持續擴大。例如，我們無法確定非洲的生產力什麼時候會起飛，而有幾個國家（尤其在拉丁美洲）的情況似乎會反覆抽搐。此外，如果一個經濟體遙遙落後，它可能要花非常久的時間來追趕，我們可用長期經濟成長效果的公式來說明。假設Ａ國每年實質ＧＤＰ為五百美元，Ｂ國為三萬美元。如果Ａ國以某種方式在四十年內維持傑出的八％成長率，它的實質ＧＤＰ會達到一萬八百六十二美元。同一時間，如果Ｂ國在四十年內維持平凡的二％成長率，則最後實質ＧＤＰ會超過六萬六千美元。因此，經過四十年，一國是爆炸式成長，而另一國是溫和成長，結果Ｂ國的人均ＧＤＰ只有Ａ國的六～七倍，而非原本的六〇倍。即使是在最樂觀的條件下，今後半個世紀全世界最窮國家的生活水準，仍然會嚴重落後。

生產力的三大驅動因子

經濟長期成長的根本原因是生產力的提升，也就是說，每一工時的產出變高，或是每位員工的產出變高。生產力成長的三大驅動因子是：**實體資本增加（意即更多的資本設備讓員工使用）、更多的人力資本（意即員工有更多的經驗或更好的教育）以及更好的技術（意即更有效率的生產方式）**。在實務上，在市場經濟誘因下，這三個因子會一起運作，而生產力的標準算法是先計算每位員工增加的教育訓練和經驗，以及每位員工增加的實體資本設備。上述兩個因素無法解釋的其餘經濟成長，則歸因於技術改善，「技術」指的是可以改變產品各式各樣創新的廣義名詞。

經濟學家分析美國等經濟體的成長原因發現，長期經濟成長大約四分之一可以用人力資本成長來解釋，例如更多教育訓練與經驗。另外四分之一可以用實體資本來解釋，即更多的可用機器及工廠。整體成長則約有二分之一是由於新技術。如果你以類似方法分析低收入國家的成長理由，其教育程度和實體資本呈現快速更新，即生產力成長主要來自實體資本和人力資本，較少來自新技術。

一九五〇和六〇年代，美國生產力的增長（每工時增加的產出）停留在每年三%左右。但從一九七〇年代開始，生產力成長降到每年大約一．五%或二．〇%，這種情況維持了二十五年左右，在一九九〇年代後期才回升。在這二十五年間，遭遇到許多嚴峻的經濟修正：例如高通膨率和高失業率、油價飆漲、國防支出大幅下降然後又大幅增加、預算赤字增加。但是長期看來，在這些問題中，生產力的成長趨緩是最明顯的因素。假設美國三十年來每年生產力的成長率減少一・五%，就算不考慮複合成長率，結果實質GDP將比原來減少近四五%。因此，若生產力成長沒有趨緩，GDP將增加約五〇%，人們的薪資也會增加近五〇%。無論政府的目標是減稅或增加消費，人均GDP一旦多出近五〇%，目標就更容易達成。

一九九〇年代後期開始，美國經濟的生產力開始提高。當時人們所謂的「新經濟」，是建立在突飛猛進的資訊技術發展上。隨著經濟衰退或復甦，生產力每年的成長力道也隨之上下起伏，但從一九九六～二〇一〇年，生產力成長則年平均可達二・六%。展望美國長期經濟前景，最重要的是生產力成長是否會掉回到一九七〇年代到九〇年代早期的緩步成長狀況？抑或目前較高水準的生產力成長得以長期維持？

第三章

失業

Unemployment

勞動需求下降，會導致失業。

失業是什麼？這個問題似乎簡單到不需多費唇舌。但沒有出去找工作的家庭主婦，是否該列入失業人口？如果有人對自己未來的薪資水準抱有不切實際的想法，而在等待一個永遠不會實現的工作機會呢？明確定義失業，就可以解釋這個議題。

美國官方的失業率由勞動統計局計算，每月調查並記錄有多少人沒有工作且正在找工作。不符合這兩個條件的人則被歸為「非勞動力」（out of the labor force）。大約三分之一美國成年人目前被視為非勞動力。

用這個方式定義失業，可以在不同時期提供一致性的定義，然而這基本含意還是有爭議。舉例來說，一個人找工作找了很久但找不到，最後意志消沉而放棄了呢？如果這個人在被調查時回答：「我沒有在找工作。」那麼他就不會被列入失業人口。如果有人只是在打零工，他被調查時回答：「我現在有工作。」但其實他仍期待全職工作呢？這個人也不會被計為失業。如果接受調查時有人沒有據實回答，自稱正在覓職但實際上卻沒有呢？他們會被計為失業，但其實根本就是「非勞動力」。②

②台灣方面，由行政院主計總處提供政府預算、會計、統計及普查、資訊管理、主計法規等重要資訊。行政院主計總處：https://www.dgbas.gov.tw/

相較於政府的統計，經濟學家是以稍微不同的方式看待失業這件事。舉例來說，在香蕉市場，一般而言需求下降會導致香蕉跌價。然而，當經濟衰退且勞動需求下降時，薪資很少會大幅下滑，而是帶來失業。經濟學家認為，當某人願意以符合他的技能和經驗水準的工資行情來工作，但卻無法找到工作時，才能算失業。根據這個觀點，**失業是工資因某個理由僵固在均衡點上方，使得該工資率的勞動供給量超過需求量**。

經濟學家費盡心力研究，為什麼薪資可能有**「向下僵固性」**（sticky downward）及其政策意涵。例如，當經濟衰退時，工資可能不會下跌太多的理由是，對一些員工來說，最低薪資法規或明確的勞動合約阻止了工資下跌。然而，最低工資與勞動協議，對於美國社會的大部分勞工卻不會有影響。

因此，經濟學家把注意力轉移到員工和雇主之間的**隱性合約**（implicit contract）。對大多數員工而言，一段期間內的工資會是相當固定的，也就是說，你的薪水在公司生意差或生意好的月份是一樣多的。大部分員工偏好這種模式：如果公司生意好，他們不會被立即加薪，但如果生意差，他們也不會有立刻降薪的風險。公司也傾向不要削減工資，因為怕影響士氣，尤其是績優員工的士氣。如果公司調降工資，頂尖員工會發現自己很容易在別的地方找到工作。因此，當經濟衰退且勞動需求下降時，公司寧可不削減工資，**而是選擇停止雇用或資遣現有員工**。

我們現在要探討只有經濟學家才會質疑的問題：失業為什麼不好？失業的代價是什麼？就個人角度來看，失業會傷害沒工作的人。個人的損失不單是缺乏收入而已，遠甚於此，失業會帶來社會問題，從家庭的沉重壓力到健康變差，甚至引起社會犯罪。從社會層面來看，失業會縮減國家經濟規模。人們失業時，國家便失去這些勞動人口的潛在產出。例如，二〇一〇年美國的國內生產毛額大約是一四．六兆美元，美國每多一％就業人口，就會增加約一％產出，代表增加了一千四百六十億美元價值。二〇一〇年失業率徘徊在一〇％左右，也就代表損失了數千億美元價值的產出。此外，失業還會增加民眾對政府支出（福利及社會服務）的需求。

不可避免的自然失業率

經濟學家把失業分成兩類：自然失業率和循環性失業。**自然失業率**來自於動態衰退以及員工就業與產業的變動。任何經濟體無論是在什麼時候，有些員工會換工作，有些新人正要進入勞動力的行列，有些人正要退休，而有些人因為各種理由暫時進入或離開勞動市場。

在一個不斷演變的市場經濟裡，這些自然的就業變化模式，會在現行法規的環境中成為影響雇主與員工的誘因。例如，如果雇主面對的法規（例如禁止建廠的土地使用分區管制條例）使其難以或無法新設及擴大業務，企業主將不急於雇用員工。如果公司被要求提供某種福利給所有員工，企業將比較不可能加人。而失業保險給付的金額多寡，也會影響人們的就業意願。簡言之，自然失業率是現代勞動市場的必然產物，即使在景氣好時，自然失業率也無可避免。如果想要透過公共政策改變自然失業率，就要讓勞工更容易找到新工作、接受職業訓練或轉職，甚至政府需要修法，以避免企業惡意解雇或裁員。

景氣波動帶來循環性失業

失業的第二個類別是循環性失業，「循環」是指經濟從谷底到峰頂的景氣循環。在景氣衰退期間，很多企業突然無法達成他們的業績目標。絕大多數企業為了保住原本業務，不會選擇削減工資，卻以減少雇用或降低勞動需求來因應。

降低循環性失業的常見政策，是提高對於商品和服務的需求，以對抗景氣衰退，使企業有更大的誘因雇用員工。政府有兩個主要工具可鼓勵支出，這部分會在後面的章節詳細討論。第一個工具是財政政策，利用減稅來鼓勵家庭和企業花錢，或是增加政府的直接支出。另一個工具是貨幣政策，中央銀行可以降低利率，鼓勵貸款買車或買房，以促使相關廠商雇用更多人，這些方法的優缺點，同樣會再詳細討論。重要的是，你得記住：當經濟遭逢嚴重衝擊時（例如一九七〇年代油價飆高，或是一九九〇年代末期網路股崩盤，或二〇〇七～〇九年的金融危機），這些政策工具都無法真正解決難題，充其量只能減緩衝擊。

如果觀察美國失業率在過去這段期間的模式，會發現從一九五〇年代到七〇年代初期，失業率是相當低的，通常介於四～六%。到七〇、八〇年代，則相對偏高，景氣好的年份失業率約六％，景氣差的約八％。一九八二年，全年失業率達到近一〇％。一九九〇年代，又回到四～五％之間。景氣差的年份，例如二〇〇一年景氣衰退後，失業率達到六％；二〇〇六～〇八年初徘徊在五％左右，到了二〇〇九年末又衝到九～一〇％，這個數字維持到二〇一一年初。儘管景氣循環波動大，但基本的自然失業率似乎沒有發生太大改變。美國的自然失業率一向大約介於五～六％。

就像美國一樣，歐洲的失業率在一九七〇年代和八〇年代初期明顯上升。但是在大部分歐洲國家，失業率在一九九〇年代甚至二〇〇〇年代仍然偏高。為什麼會這樣？經濟學家認為，歐洲的自然失業率偏高有幾個理由：首先，歐洲國家的最低工資很高，工會更強大，也更強烈抵制裁員。很多歐洲政府要求企業提供多項福利，提高雇用成本，也限制零售業早上開門的時間。這些因素都使得雇用和工作的誘因稍微降低，因而產生較高的自然失業率。英國和荷蘭等國便曾努力改革相關政策，使得失業率大幅下降。

當然，勞動市場的議題不只是工作機會，也包含如何擁有良好的工作和合理的薪資。勞動市場往往會隨著時間，把工資推向潛在的生產力水準。畢竟若一個員工所得的工資超過其生產力，會讓企業想裁掉員工，或至少在其生產力提升之前不調高工資。如果員工生產力超過其工資，那其他同業應該會願意用更高的價碼挖角，無論哪種方法，這位員工都會得到更高的薪水。因此，長期而言，工資提升的基礎在於增加員工的平均生產力，亦即更好的教育投資、更好的實體資本設備投資，以及發明並採用新技術。當一個國家可以把這三個因素結合在一起，就能達成工作好且薪資佳的理想目標。

第四章

通貨膨脹

Inflation

溫和的通貨膨脹，
優於過度補貼所造成的通貨緊縮。

通貨膨脹會侵蝕薪水可以買到的東西。市場經濟的任一時間，有些價格會上升，有些則下降。但在通膨的情況下，很多必需品例如汽油和食物的價格會同時飆漲，多數家庭必須撙節因應。

通貨膨脹，是任一商品與服務的價格全面上升的現象。汽油價格調升三十美分或電影票價提高二塊錢，這種個別變化不叫通貨膨脹。為了衡量整體價格水準的上升，有必要收集很多不同商品價格變動的資料，並找到某個方式來計算平均價格水準的變動。基本的方法是定義「一籃子」商品，其中每個商品的數量代表一個家庭在某段時間內的典型消費。然後你可以計算購買整個籃子商品（不是任一個別商品）的總成本，隨著時間而變化的情況。

使用一籃子商品作為衡量通膨的方式，這個構想很久以前就有了。最早的例子之一發生於美國獨立戰爭期間，當時麻薩諸塞州擬定發給士兵薪資的方式，但當時大陸會議正在發行新貨幣，很難界定這些新貨幣實際上值多少錢。因此，麻薩諸塞州公布，當士兵從戰場上回來時，州政府會付給士兵五蒲式耳的玉米、六十八又七分之四磅的牛肉、十磅木材和十六磅皮革，無論這些東西值多少錢。

各種通膨指標

通貨膨脹有各種不同的衡量方式，取決於籃子裡選取的商品。例如，**消費者物價指數**（Consumer Price Index，CPI）是一個常見的通膨衡量方式，它是由美國勞動統計局根據消費者支出調查（非常詳細地調查家庭實際上購買的東西）計算而得。另一個常見的方式是根據生產者購買的一籃子商品的**生產者物價指數**（Producer Price Index，PPI），例如鋼、石油及其他原料或設備來計算。還有一個指標是**躉售物價指數**（Wholesale Price Index，WPI），它觀察的是零售商支付的批發價格。**GDP平減指數**（GDP deflator）則包含GDP的每個項目。

請記得GDP不只包含消費，也包含投資、政府支出與出口，然後減掉進口。CPI和GDP平減指數，可能是你最常遇到的衡量方式。根據你想研究的問題，你可以為任何團體編製一個物價指數：例如老年人購買的東西、窮人購買的東西，或是某種狀況的人們購買的東西。

使用一籃子來計算通膨有個問題，就是籃子裡的商品在現實中不會維持固定不變，人們不會年復一年購買一模一樣的商品。其中一個理由牽涉到替代的概念，意即當一個商品的價格提高時，人們從該商品轉換到其他商品的方式。如果咖啡價格飆高，人們會買茶或碳酸飲料代替；若汽油成本上升，更多人可能會選擇大眾運輸。這個籃子的實際內容，會隨著每個時期而變化。因此，衡量通膨時，應該要使用的籃子是咖啡在價格較高時售出的數量，或是在價格較低時售出的數量，或者是兩者的某種平均值？不論是哪種方式，沒有哪個籃子可以代表現實世界裡需求不斷轉移的現況。

固定一籃子的商品會發生的另一個問題，來自技術變化。例如，想像你在籃子裡的商品有一項是電話服務，但後來行動電話進入市場。行動電話的價格可能看起來較高，但還是比固網的價格有彈性，所以還是有其吸引力。接著，智慧型手機、網路電話服務、視訊電話服務興起。如果只緊盯傳統固網的價格，就無法把技術變化納入考量，而漏掉了人們實際生活中選用了更好產品的開銷，意思就是消費者比以前有更多選擇。

一九九六年，由史丹佛大學麥可．波斯金（Michael Boskin）[③]教授率領的著名經濟學家團體，出版了一份衡量通膨的報告。根據他們估計，當時的消費者物

③麥可．波斯金（1945-）：一九八九～九三年曾任布希總統經濟顧問委員會主席。

價指數高估了實際的通膨率，每年大約高了一個百分點，而這正是因消費品的籃子裡沒有考量替代品和新技術。一個百分點可能看起來不多，但是牽連甚廣。假設某一年的名目GDP成長五%，而通膨率是三%，因此實際的經濟成長是二%。但若通膨率被高估一%，那當年真正的成長實際上會是三%。每年真正的成長多出這一個百分點，經過幾十年的複利，當然會對生活水準有巨大影響。波斯金的報告出版後，讓勞動統計局調整了統計方法，在一籃子商品中納入一些替代品，並且隨著時間汰舊換新來因應技術變化。此外，當這些因素引起的生活品質變動很大時（例如電腦和資訊處理），勞動統計局會試著直接估計變化，並把這個變化恰當地加入通膨公式。這些改變確實減少了通膨高估的現象，但是某些誇大之處仍然存在。

從一九〇〇～六五年，美國的通貨膨脹率年平均約一%，但通膨率卻在好些時候有極端波動。在第一次世界大戰後及第二次世界大戰後，通膨率有好幾年到達兩位數。這個現象的解釋是，當一個國家有大量購買力卻沒有相對足夠的商品，通膨就會隨之發生。例如，戰後多數士兵領到一筆補發薪資返鄉，立刻大量採買各種商品。而二十世紀美國經歷了經濟大蕭條下大幅的通貨緊縮，一九二九～三三年間的物價平均水準下跌了約三分之一，因為當時的經濟正好和戰後的經濟相反：大家都沒錢，銀行破產又無法貸款；當時不是過多的錢追逐太少的商品，而是沒錢追逐商品，使得物價水準下跌。

低通膨不是洪水猛獸

除了這些例子外，在一九六〇年代中期以前，美國通膨普遍較低。後來在一九六〇年代晚期開始攀升，一九七一年達到四．四%，當時四．四%被認為是可怕的、有破壞性的通膨率；這使得保守、自由市場派的尼克森總統覺得有必要實施全國性的工資和價格管制，結果成效不如預期，導致令人困擾的生產短缺、過剩及反對價格管制的論戰。到了一九七四年工資和價格管制取消，通膨急升，一九七四年是一一%，一九七〇年代晚期再度達到兩位數。

一九八〇年代初期，通膨回穩，稍後會討論原因。當時的通膨率一般介於二～五%，一九九〇年代降到一～四%，二〇〇〇年代大部分的時間介於二～

三％，只有二〇〇七～〇九年景氣跌到谷底時，通貨膨脹率接近零，當時消費者不花錢、銀行不放款，因此沒錢追逐商品。

通貨膨脹為什麼不好？這是經濟學家才會關心的問題。消費者不想付高價，這難道不夠清楚？但並不盡然。有種觀點是：若各地同時發生通貨膨脹，那不一定是壞事。想像在某個晚上，神奇的貨幣精靈偷偷溜進每個人的錢包、每個銀行帳戶、每台收銀機、每張薪資支票、每個有錢的地方，然後把全部的錢都變成兩倍，隔天早上會發生什麼事？每個人數著自己的現金大叫：「棒呆了！」然後外出大採購。但所有商店老闆都知道發生了什麼事，因此也把每樣東西都漲價成兩倍。所以，即使每個人的錢都變成兩倍，但人們並不會比以前過得更好（或更差）。

這個小故事的重點是，若所有的價格、工資、利率和銀行帳戶都以同等比例提高，而且這個比率是每個人都知道的，那麼沒有人會在意。然而在現實世界裡，通貨膨脹不是均勻分配且不容易預知，因此會有某些團體受惠，並把成本轉嫁給別人。比方說，如果你的薪資沒有隨通膨上升，那麼你的所得購買力會下降；如果你用固定五％的利率借錢買房子，而通膨上升到一〇％，那麼你就賺到了，因為你可以用通膨後已經貶值的原金額償還貸款（附帶一提，目前為止在美國用固定利率借錢的最大債務人就是美國政府，因此通膨能使政府所有負債的實際價值變低）。另一方面，如果你用固定五％的利率借錢買房子，當通膨下降到一％或二％，那麼銀行就賺到了。如果你是持有大量現金的人（也許你把錢藏在地窖），通膨會讓你的財富略微縮水。而就算通膨率相當低，長期也會造成很大的差異。

因應通膨而自動調整的過程稱作「物價指數連動」（indexing）。如果你的房子有一個利率可調的抵押貸款，那麼利息就會隨著通膨上下變動。美國財政部發行的物價指數連動債券（indexed bond），其支付的利息就會隨著通膨率自動改變。有些工會合約規定工資應隨通膨自動調整，稱為生活成本調整（ＣＯＬＡ）。社會安全退休金也有ＣＯＬＡ，它是參考消費者物價指數做調整。物價指數連動，其實可保護人們不受通貨膨脹影響。

惡性通膨

當通膨走高，會使市場運作不順暢，因為企業會發現它的長期生產力成長出現困難。**當一個月內的通膨率達到二〇%，甚至四〇%以上，稱作惡性通膨**（hyperinflation）。惡性通膨最有名的例子，發生在一九二〇年代的德國，也發生在一九八〇年代的阿根廷、以色列和玻利維亞，及二〇〇〇年代的辛巴威④。這些國家的殷鑑，可知放任通膨完全失控的代價。想像在這種情況下做生意，你在月初賺到的錢，才到月底，這筆錢的購買力就縮水了四〇%。在這種情況下，如何減少通膨可能帶來的損失，會比提供客戶更好服務或改善長期生產力等任何努力都更重要。

一九七〇年代初期，生產力成長急速減緩，同時爆發通膨；或者在通膨受到控制大約十年後，生產力才恢復成長。上述兩種情況同時發生可能不是巧合。史丹佛大學知名經濟學家

④德國惡性通膨發生於一九二三～二四年間。最高的貨幣面額從五萬馬克變成一百兆馬克。最嚴重時，四．五兆馬克只相當於一美元。阿根廷惡性通膨自一九七五年起，原最大面額貨幣為一千比索（Peso Ley），一九八一年底面額達到一百萬比索。歷經一九八三年、一九九二年兩次貨幣改革後，一新比索等於一九八三年以前的一千億比索。以色列一九七〇年代開始通膨率攀升，由一九七一年的一三%上升到一九七九年的一一一%，再從一九八〇年的一三三%躍至一九八三年的一九一%和一九八四年的四四五%。一九八五年以色列政府凍結所有物價，一九八六年的通膨率降到一九%。玻利維亞在一九八四年之前，貨幣最高面額為一千玻利維亞披索（Peso boliviano），一九八五年已變成一千萬。一九八七年貨幣改革，才以和美元掛鉤的玻利維亞諾（Boliviano）取代玻利維亞披索。辛巴威於一九八〇年獨立之後，通膨高張加上經濟崩潰使貨幣嚴重貶值。二〇〇四年初通膨升至六二四%，二〇〇六年起政府印了六十兆辛巴威元支付國際欠款及公務人員薪水。二〇〇七年六月上升到一萬一千%。二〇〇八年五月上升到二百二十萬%。二〇〇八年十二月發行一百兆面額的新鈔，但實質上僅值二十五美元。

約翰·泰勒（John Taylor）認為兩者相關，而且通膨失控，是這段時期生產力降低的原因之一。

在惡性通膨期間，消費者也遇到麻煩。人們在購物時會比較目前價格和他們記憶中的價格，並根據目前價格比預期高或低來取捨。但當價格持續變動，人們發現自己生活在黑暗中，無法確定自己的花費決策是否正確。謹守個人或家庭預算幾乎成了不可能的任務。政府編列預算的過程，基於相似理由也變得一無是處。通貨膨脹率偏高且持續波動，將導致經濟活動失能。

為了充分了解對抗通膨的政策工具，你需要了解財政政策和貨幣政策，雖然後面的章節會詳述，但現在可概略談一下這些政策。

較高的通膨率可能有很多不同的起始點，但都和整個社會太多錢追逐太少的商品有關。因此，對抗通膨的政策工具都會涉及抑制整體需求，使追逐商品的錢變少。對抗通膨的政策從來都不受歡迎，例如政府抑制需求的方法可能包括增稅、削減政府支出、提高利率來抑制借貸。當通膨率是四〇〇%時，政府很容易取得民意共識去採取某種措施；但如果只有五%，那值不值得對抗就有得爭論了。

反對通膨的鷹派，企圖讓通膨維持在低檔，且認為政府應在通膨萌芽時就採取行動。鷹派希望經濟上的參與者（包含目前在做購買決策與規畫退休生活的人、以及目前在做生產決策與長期投資決策的企業）都能擬定思慮周全的計畫。他們不要人們玩遊戲，利用通膨賺錢（也就是先用固定利率借錢，再用通膨後的貨幣還錢）。也不想要企業著迷於如何避免通膨的成本，忽略了實際的生產力成長。

通膨問題的鴿派則認為，二～五%的低通膨率並非洪水猛獸。首先，它能使得工資不會僵固在均衡點上方；如果通膨率是四%，員工只加薪二%，其實就是變相減薪，但因看起來像加薪，就不會傷害士氣。溫和的通貨膨脹，優於過度補貼所造成的通貨緊縮。通貨緊縮會使目前所有貸款變貴，且會造成違約欠款增加，導致經濟成長停滯。最後，通膨問題的鴿派也認為，沒有明確證據顯示一個國家的通膨率可能會從二%、三%、四%甚至五% 攀升到每年二〇%或三〇%。低通膨率，相形之下是容易處理的。

我查閱過的實證研究資料顯示，**每年通膨率三～五%，對經濟其實沒有多大影響**。有些經濟學家認為全球很多中等收入的國家發展得很好，經濟快速成長，事實上每年通膨率高達一〇%、二〇%甚至三〇%。一旦年通膨率達到四〇%，大部分鴿派人士也同意確實會出問題。**高收入國家的常見目標，是把通膨率穩定維持在二%左右**。這樣的通膨率夠低，可提供長期經濟成長的穩定基礎，但同時也有一點緩衝作用，可避免通貨緊縮的風險。

第五章

貿易餘額

The Balance of Trade

貿易順差與逆差，
談的是金錢的流向，及哪邊的金流比較大。

很多經濟統計資料常被誤解，但沒有比貿易餘額（the balance of trade）更甚。首先，大多數人是根據汽車和電腦等商品的出口和進口，來思考貿易餘額。**出口大於進口，該國就有貿易順差**（trade surplus）。**進口大於出口，該國則是貿易逆差**（trade deficit）。從這個概念切入是一個好的起點，經濟學家稱之為「商品貿易餘額」（merchandise trade balance），但故事不是這樣就結束了。大約二十或三十年前，國際貿易指的是裝滿貨物的輪船和飛機；但如今國際貿易涉及一國生產後在其他國銷售的每一樣有價值的東西，現在電話客服中心和軟體設計等服務，可以設在印度或愛爾蘭，美國員工可以和遠地員工互動，就彷彿在隔壁大樓或鄰近城鎮一般。商品貿易餘額，在整體的國際貿易世界裡，只是其中一個分類。

經常帳餘額（current account balance）**是單一統計值，可描繪一國貿易餘額最全面的輪廓**。該數據包含商品貿易，同時也包括國際服務、國際投資及所謂的「單邊移轉」（unilateral transfer）。**單邊移轉是沒有購買商品或服務卻送出的款項，例如對外援助**。運用美國經濟分析局收集的二〇〇九年資料，經常帳餘額的四個類別概況如下：

- 商品：美國出口一兆四百六十億美元的商品、進口一兆五千六百二十億美元的商品，導致商品貿易逆差五千一百六十億美元。
- 服務：美國出口五千〇九十億美元、進口三千七百一十億美元，導致服務貿易順差一千三百八十億美元。
- 國際投資收入：美國支付四千七百二十億美元給其他國家、從他國收到五千六百一十億美元，導致國際投資收入順差八百九十億美元。
- 單邊移轉：包含美國政府對外援助、個人寄錢回家鄉等項目，美國這方面有一千三百億美元逆差。

把這些數字加總，美國二〇〇九年的經常帳餘額是四千一百九十億美元的逆差。從一九四〇年代到六〇年代，經常帳餘額通常是順差；到一九七〇年代期間，通常是逆差。無論上述哪一種，當時的數字都很小，通常小於ＧＤＰ的一%。但從一九八〇年代初期開始，美國貿易逆差擴大，達到GDP的三%。貿易逆差在一九八〇年代後期和九〇年代初期下降一些，然後在九〇年代後期和二〇〇〇年代又開始上升。到了二〇〇〇年代中期，貿易逆差大約是GDP的四%或五%，對美國這樣規模的經濟體，確實是很大的金額。現在先記得這些資訊，待會我們將探索貿易逆差為何出現了兩波大漲。

要了解經常帳餘額的分別，你可以這樣想：**在貿易餘額中，造成順差代表金錢流入該國，而逆差代表金錢流出該國。當流出金額等於流入的錢時，經常帳餘額（也就是貿易餘額）等於零。**

出現貿易逆差之時，金錢從該國流出而進入其他國家；美國最近四十年幾乎都是如此。但錢跑到哪了？它們確實沒有回頭來購買美國的商品和服務，沒有付給在外國公司的美國投資人、也沒有用單邊移轉的形式匯回。如果發生上述任何一項，經常帳就不會出現貿易逆差。

有一個重點要牢記，當美國以美元支付進口商品時，像日本這樣的生產者不想要拿美元，它要的是日圓。因為日本供應商需要日圓來支付在日本生產的工資和採購費用。因此，出口到美國後收到美元的日本公司，要在外匯市場把美元兌換成日圓。一旦日本出口商把美元兌換成日圓，這些美元跑到哪兒了？這些美元最終會投資於美國資產，也許被拿來購買股票、債券或房地產，又或許存進了銀行。然後，發行股票或債券的那家公司擴大在美國的營運，或是銀行把錢借出並在美國購買、建設或投資，依此類推。金錢流到海外，且不以商品或服務的形式回來，表示它是以金融投資的形式流回美國。

對經濟學家來說，貿易逆差真正的意思是，一國結算下來，是從國外借錢，而且有國外的投資流入。同理，貿易順差真正的意思是，一國結算下來，是借錢給國外，且有對外投資的流出。**貿易順差與貿易逆差不只是關於商品的流向，對大部分經濟學家來說，貿易失衡甚至和商品流向無關。貿易順差與逆差，是關於金錢的流向，及哪邊的金流比較大。**

國民儲蓄與投資恆等式

如何把金錢的流向，置入總體經濟的整體脈絡？經濟學家使用一個稱作恆等式（identity）的工具，它在總體經濟的很多情況裡都是有用的工具。就數學而言，一條恆等式是在定義上恆真的一個陳述。國民儲蓄與投資恆等式，始於一個基本概念：財務資本的總供給量必須等於財務資本的總需求量。

財務資本供給有兩個主要來源：國內資金的儲蓄加上國外資金的流入。**財務資本需求**也有兩個主要來源：國內實體資本的投資需求和政府借款。

因此，國民儲蓄與投資恆等式告訴我們，美國總體經濟有兩大資金來源，且必須等於另外兩大資金需求。根據這個觀點，貿易逆差是一個額外的資金來源，這筆錢流入美國後由企業或美國政府借走。

根據定義，財務資本供給量必須等於需求量，所以這條方程式一個因子的變動，必定導致其他因子連動。例如，如果美國政府借來更多的錢，資金需求量會上升。這些額外的錢是從哪裡來的？國民儲蓄與投資恆等式顯示，給政府的額外資金可能有三個來源：

- 可能是美國政府借更多錢，而國內企業可得到民間投資的資金變少。

- 也可能是美國政府多借錢，而人民增加了儲蓄。
- 或是當美國政府增加舉債，而有更多的資金從其他國家流入。

為找出這三個變化中哪一個是事實，就必須跳脫理論直接看證據。對美國來說，每年流入資金的結果是美國社會變成其他國家的債務人。例如，二〇〇八年底美國個人、企業和政府總共擁有一九．九兆美元的外國資產。但外國企業、外國投資人和外國政府總共持有二三．三兆美元的美國資產。換句話說，美國社會有的外國資產，比外國有的美國資產少了三．四兆美元。

向國外借錢不一定是壞事。例如，十九世紀的美國連年貿易逆差，在當時刺激美國的鐵路和工業，確實是由國際資金協助成長。同樣的，在一九六〇～七〇年代，由於外資流入刺激韓國經濟快速成長，導致鉅額貿易逆差。向國外借錢時，只要未來有足夠的經濟成長來償還貸款，這麼做確有其經濟意義。但若無足夠成長，向國外借錢的結果可能更糟。一九九〇～二〇〇〇年代，阿根廷與俄羅斯等國有很大的貿易逆差，主因也是國際資金流入，但最後卻無法償還。

未來償債能力才是重點

無論國家或個人，借款後的挑戰都是如何運用這筆借來的資金，使其產生充分的效益或報酬以償還貸款。例如助學貸款，基本的經濟理由是這個學位在未來有用，能有較高的工資償還學貸並且獲利。但如果是借一大筆錢去度假，就不會增加未來的收入以償還貸款。在二〇〇〇年代中期，美國貿易逆差相當高，當時仰賴國內資金挹注會是比較好的作法，增加的投資獲利，會付給美國社會而非國外。

用總體經濟來思考貿易逆差時，會出現一些有趣甚至出乎意料的解答。例如，如果貿易逆差變得很大，意味國民儲蓄與投資恆等式的某項因素也在改變。也許美國出現鉅額預算赤字，使得來自貿易逆差流入的金錢，被政府借款所吸收；也可能是美國的國內投資激增，並吸引了外人投資；或是私人儲蓄率急遽下跌，而外國儲蓄大量湧入填補了缺口。上述情況都可能發生，至少要有一項發生，才能使國民儲蓄與投資恆等式成立。

一九八〇年代，當美國首次出現大量貿易逆差時，可能的原因是聯邦政府預算赤字很大。在某些情況，聯邦政府向國外直接借款，或是聯邦政府吸收了可獲得的本國資金，使得企業需要錢時必須轉向外國投資人。也就是說，貿易逆差不一定是由預算赤字引起。舉例來說，一九九〇年代後期美國預算赤字低，累積多年預算盈餘。但那時私人投資蓬勃發展（網際網路興起的年代）且民間儲蓄低，美國經濟實際上以大量流入的外資及貿易逆差資助這波投資熱潮。該模式指出處理貿易逆差與協助長期經濟成長議題間的一些共通性，降低貿易逆差（維持活絡的國內投資）需要較高的國內儲蓄，提高經濟成長率也需要透過較高的儲蓄率讓國內投資保持活絡。**企圖提高經濟成長與維持合理貿易逆差的政策是相似的：都應該鼓勵國內儲蓄**。

若貿易逆差本質上屬於總體經濟（如果它和國民儲蓄率、國民投資率、政府預算赤字等項目有關），那麼你常聽到的有關貿易逆差的論點有很多都是錯的。例如常聽人們說：「美國出現貿易逆差，是由於他國不公平的貿易慣例，像是封殺美國產品並出口廉價商品充斥美國市場。」但根據前面討論，這些貿易慣例其實與美國貿易逆差無關。再次思考美國貿易逆差在過去幾十年的模式，若你認為是不公平的貿易慣例引發美國貿易逆差，那你要知道對外貿易在一九七〇年代相當公平，然後在一九八〇年代中期變得非常不公平，接著在一九九〇年代初期和緩些，在一九九〇年代後期又惡化，二〇〇〇年代開始變得更不公平。雖然不公平的貿易慣例確實存在（例如透過稅務和法規，使美國出口的商品在其他國家比較難銷售），但沒有證據顯示不公平是因這種法規所導致。關於限制美國出口商品或銷售廉價商品至美國市場的貿易慣例，並不會造成貿易逆差有太大波動。

保護主義行不通

同樣道理，**保護主義（限制從國外進口商品）也不能解決貿易逆差的問題**。若國民儲蓄與投資之間有大缺口，將出現貿易失衡。保護主義被大多數經濟學家認為是差勁的主意，因為它剝奪一個國家的國際貿易效益（稍後將詳細討論），但這裡的重點是保護主義不可能解決逆差，因為沒有處理總體經濟失衡的根本問題。

貿易逆差並不是取決於較高的貿易程度，或是對世界經濟有較大的開放性。世界經濟中，出口約占ＧＤＰ的二五％，但出口高於ＧＤＰ的二五％的國家有較大的貿易逆差或順差？或是出口低於ＧＤＰ的二五％的國家有較小的逆差或順差？其實都不是，目前資料並沒有顯示出這種關係。例如美國近年的出口約是GDP的一〇～一二%，但美國卻有龐大的貿易逆差。日本有類似的低出口額，大約是GDP的八～一〇%，卻有龐大的貿易順差。為什麼？日本有驚人的高儲蓄率，及較美國稍低的國內投資。貿易餘額這筆錢必須流向某處，而它是以貿易順差的形式離開日本。

近年來我們經常聽到**雙邊貿易逆差**（bilateral trade deficit），例如美國對其他國家（中國或日本）的貿易逆差。但雙邊貿易逆差在總體經濟上並不重要。根據經濟條件，美國理論上應該會對某些國家有貿易順差，而對其他國家有貿易逆差。在經濟層面上，我們沒有理由對每一個國家爭取貿易平衡。

高收入國家通常擁有貿易順差，因而會對低收入國家有淨投資。但最近數十年，世界各國對美國社會卻有淨投資。這種情況沒有前例可循，而且似乎不可能長期延續。在某個時間點，美國必將償還這筆錢。世界各國的問題是它們想要持有多少美國資產？到了一定的時間點，這些國家將不願意在投資組合裡持續增加美國資產，有些事情將會調整。若外資流入美國變少，預算赤字必須降低（亦即要加稅或降低政府支出），或是要提高國內儲蓄率（亦即要撙節消費），或者企業要自備擴張資金。這些選擇都不吸引人，但如果美國保持目前高額的貿易逆差，這三個選項其中之一勢必將發生（也許三者都要）。

第六章

總合供給與總合需求

Aggregate Supply and Aggregate Demand

對整體經濟來說，
總合供給量必須等於總合需求量。

制定經濟政策時，同時追求四個不同的總體經濟目標（經濟成長、低失業率、低通膨率、可承受的貿易餘額）可能會引起混亂。經濟學家和政策制定者必須自問，是否有可能同時達到這四個目標，或者必須在這些目標中做取捨。為此，我們需要一個有組織的思考架構來處理這個議題。最常見的基本架構，稱作總合供給與總合需求模型（aggregate supply and aggregate demand model）。

總合供給是總體經濟中所有產品的總供給，它受到潛在國內生產毛額（potential GDP）的限制。而**潛在GDP的定義是，當所有的資源或人力都被充分運用或就業時，社會所能生產的東西**。處於潛在GDP時，循環性失業會是零，其餘部分可以用自然失業率來解釋。潛在GDP也稱「充分就業GDP」，表示工人和機器都被充分運用。

如果社會有能力生產的東西發生變化，總合供給就會移動。總合供給移動的兩個主要原因是，大量企業的技術成長以及生產條件發生劇烈改變。在生產力提升的狀態下，潛在GDP與總合供給會隨著時間逐漸上升。然而，生產條件的其他變化也會降低總合供給。典型例子是美國在一九七〇年代以及之後偶爾也發生的油價急漲狀況：當能源成本上升，許多產業的生產成本便同步上升，這對總合供給是負面衝擊，因為當油價飆高，社會能夠生產的東西就會減少。

供給創造需求？需求創造供給？

你現在大概了解，總合需求是指整個社會對於各種產品的需求。我們可以把總合需求定義由五個要素構成，那就是C＋I＋G＋X－M，我們用它們來決定GDP，也就是**消費＋投資＋政府支出＋出口－進口**。在這些構成要素中，消費通常占GDP的大宗，投資是變動最大的，政府支出也許是最直接的政策目標工具。出口與進口，則會受到其他國家經濟狀況的嚴重影響。

對整體經濟來說，總合供給量必須等於總合需求量，但關於這些因素如何互動，各家有不同的觀點。其中一個理論認為總合供給驅動總合需求，另一派則認為恰好相反。

賽伊法則（Say's law）是以十九世紀初期法國經濟學家賽伊（Jean- Baptiste Say, 1767-1832）的名字來命名，主張**「供給創造其自身的需求」**（Supply creates its own demand.）。這句話過度簡化賽伊的觀點，但也算易讀易懂。理論指出，每當商品或服務產銷時，表示某人賺到了錢，無論他是任職於生產商品的廠商，或生產鏈上的供應商。基於這個理由，總體經濟意義上的供應價值，必定在社會某處創造了等值的收入及需求。支持賽伊法則的現代經濟學家，稱為新古典學派經濟學家。

賽伊法則及新古典學派經濟學面臨的主要挑戰是經濟衰退。在衰退時，失敗的企業數量遠多於成功的企業，假如供給能創造其自身的需求，那麼很難解釋怎麼會有經濟緊縮。畢竟，假如總合供給總是能創造充分的總合需求，那為什麼會發生經濟衰退呢？平心而論，賽伊當時已充分意識到這個問題，因此，他並不完全相信這個以他命名的法則。

相對於賽伊法則，另一個是**凱因斯法則**（Keynes's law），它是以二十世紀英國經濟學家凱因斯（John Maynard Keynes, 1883-1946）為命名，**主張「需求創造其自身的供給」**（Demand creates its own supply.）。這句話也是這位經濟學家觀點的一個粗略但有用的簡化版。凱因斯在經濟大蕭條期間撰寫《就業、利息與貨幣的一般理論》（*The General Theory of Employment, Interest, and Money*），他指出，在大蕭條期間，供給商品與服務的產能並沒有多大改變。一九三三～三五年美國失業率超過二〇％，合格的勞動工人數量卻沒有明顯減少。工廠倒閉了，但機器、設備和產能並沒有消失。一九二〇年代發明的技術，在一九三〇年代不會憑空消失。因此，凱因斯認為經濟大蕭條以及很多一般性的經濟衰退，不是由潛在供給（例如勞動、實體資本和技術）下降所引起。相反的，經濟衰退是因為整個社會缺乏需求，導致沒有足夠的誘因使廠商生產。因此，凱因斯認為，更大量的總合需求，才能讓社會擺脫經濟衰退。

凱因斯法則的主要挑戰是什麼？假如總合需求是總體經濟面的關鍵，那麼政府可以透過大量增加政府支出或大幅減稅，來促進消費刺激總合需求，讓經濟盡其可能成長。但社會在任何時間點能生產的數量確實面臨限制，這取決於勞動數量、實體資本、可獲取的技術，以及結合這些生產因素的市場結構與經濟制度，而這些限制也不會只因為政府想要增加總合需求而消失。

短期重需求、長期看供給

在著重總合供給的賽伊法則和著重總合需求的凱因斯法則之間，有一個看似可行、務實的折衷方案：**凱因斯理論強調總合需求的重要性，它和短期政策更有關聯；而新古典經濟理論強調總合供給的重要性，對長期經濟更重要**。這大概是當代經濟學家的主流觀點。

長期來看，經濟規模的大小取決於總合供給：也就是工人數量、工人的技能和教育程度、實體資本投資程度、主要的生產技術，以及上述因素互動時的市場環境。

就短期而言，總合需求可能會改變。舉例來說，當企業對經濟前景悲觀或不確定時，會延後一些投資計畫。等經濟好轉時，企業就會回頭進行延遲的計畫。此外，投資模式的上下波動與該國金融體系有關。例如，在經濟大蕭條期間，很多企業和家庭無法償還貸款，導致銀行破產。事實上，在一九二九年的二萬四千家美國銀行之中，到了一九三三年只剩約一萬四千四百家仍有營運。當這麼多家銀行倒閉時，可提供給企業和家庭的貸款機會也會減少，因而使總合需求急遽下降。二〇〇七～〇九年的經濟衰退也是由金融危機而引發，當時房價泡沫破滅導致破產、瀕臨破產以及金融恐慌的浪潮。

如果整個社會的工資僵固，調整不足以因應經濟的變化，那總合需求的短期下降也會導致失業。當產品需求減少（亦即出現經濟衰退）時，企業不會立刻削減工人的薪資。它們比較有可能停止雇用人手，或是資遣某些員工，這會導致失業，並使得總合需求無法配合總合供給的緩慢、長期成長。

有些經濟學家已接受工資僵固理論，並把它延伸到價格。例如，很多公司每年印製產品型錄一次或兩次，因此價格不會隨著市場每日波動，因此價格是僵固的。調整價格是一個複雜的過程，企業在採取任何措施前，需要分析市場需求、競爭態勢與生產成本。企業也想避免因價格不斷變動而困擾或激怒客戶。換句話說，**價格變動會產生成本，經濟學家稱之為菜單成本**（menu cost），所以必須小心規畫。價格的確會反應需求和供給的力量，但根據總體經濟的觀點，改變整個社會所有商品價格的過程（無論是向上或向下）都需要時間。如果某些市場的價格沒有快速調整，可能會有生產過剩（商品堆積在貨架上）或生產短缺的情況

（至少在短期商品會銷售一空）。

總合需求對短期經濟是比較重要的，而總合供給在長期比較重要，這個概念留給我們一個問題，如何連接這兩種觀點？儘管經過多方嘗試，至今卻仍沒有找出一個銜接賽伊法則與凱因斯理論缺口的模式，足以在經濟學界取得主導地位。

根據四個總體經濟目標，上面談到的這些事情意味著什麼？理論上，在一個盡善盡美的總體經濟裡，總合供給會隨著生產力而穩定成長，而總合需求會因為總合供給產生收入而出現。總合供給與總合需求會亦步亦趨地前進，以致經濟總是維持在潛在GDP的位置，此時的通膨率和失業率維持低檔。但是在現實世界裡，經濟成長不是理所當然的，總合供給與總合需求也不會彼此協調。因此，經濟成長有快也有慢，還有衰退、失業、通膨以及貿易失衡種種狀況。正因如此，使得總體經濟學在施政上極具挑戰性。

第七章

失業與通貨膨脹之取捨

The Unemployment-Inflation Trade-off

失業率與通貨膨脹率，
在長期看來沒有任何的取捨關係。

在低失業率與低通貨膨脹率，這兩個總體經濟目標之間的取捨關係，相當令人困惑，細心的讀者可能已經注意到其中的危險。當總合需求低於潛在GDP時，經濟很可能衰退且造成勞工失業，但不至於遭遇通膨。另一方面，當總合需求開始提高、超出潛在GDP時，經濟很可能處於低失業但高通膨的狀態。當然，也有完美的妥協情況，稱之為**金髮女孩經濟**（Goldilocks economy）⑤：不過熱、不過冷、剛剛好的狀態，即潛在GDP的總合需求恰好與總合供給相稱。

菲力普曲線之爭

金髮女孩經濟偶爾會出現，例如一九六〇年代與九〇年代大部分時間就是如此。但考慮現實世界經濟的複雜性，我們預期會經歷高失業低通膨的時期，也會經歷低失業高通膨時期。這樣的取捨關係是總體經濟政策的主要問題之一，稱作**菲力普曲線**（Phillips Curve），是以經濟學家菲力普（Alban William Housego Phillips）⑥命名，他率先對這種取捨關係提出系統性的證據。一九五〇年代，菲力普研究英國的失業率與工資率的變動百分比（可視為通膨的衡量方法）總共

⑤金髮女孩經濟：源自格林童話《金髮女孩與三隻熊》（*Goldilocksand Three Bears*）。故事中金髮女孩**Goldilocks**在三隻熊家裡看到桌上三碗粥，太熱的不吃、太冷的不吃，只挑不冷不熱的吃。後來經濟學家引用來形容美國一九九〇年代高成長、低通膨的「新經濟」狀態。

⑥威廉·豪斯戈·菲力普（**1914-1975**）：紐西蘭籍總體經濟學家，一九五八年發表菲力普曲線。

六十年的資料。菲力普發現這兩個變數之間的特殊關係，可以用數學方式描繪成一條曲線，座標圖的橫軸是失業率，縱軸是通膨率，曲線本身從左上向右下傾斜。換句話說，這條曲線顯示經濟傾向於從高通膨低失業，移動到低通膨高失業，並且往返移動。

菲力普的數據顯示通膨率與失業率之間的取捨關係，它背後的經濟邏輯是什麼？總合供給與總合需求模型可以提供答案。原本經濟處於潛在ＧＤＰ，

凱因斯—菲力普曲線在通膨率與失業率之間的取捨關係

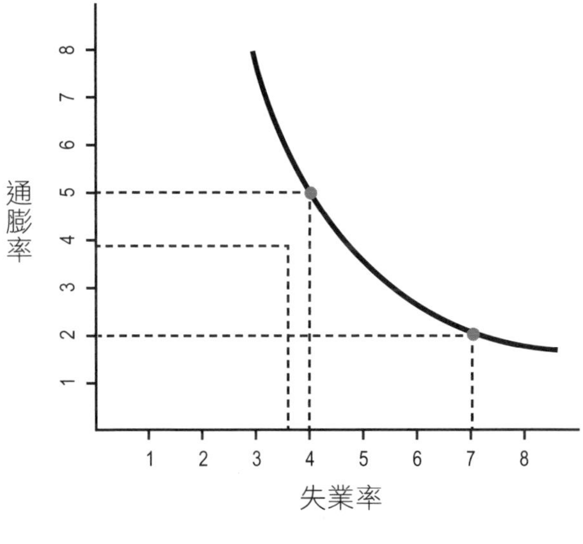

但後來總合需求增加，導致過多的金錢和過多的需求，追逐超過社會所能生產的數量。此時，循環性失業可能接近零，失業率可能在低檔。然而，由於有這些需求，工資很可能因失業率低而被推高。在商品市場，會有太多的金錢追逐過少的商品。因此，在充分就業的情況下，更有可能引發工資通膨（wage inflation）與物價通膨。

反過來，當經濟情況低於潛在GDP時，處於衰退狀態，這表示有失業勞工，而且有未充分就業的資源。當社會有大量失業時，工人互爭工作，工資維持低檔。在商品市場，由於太少的金錢追逐過多的商品，很可能造成生產過剩。在這個情況下，幾乎不可能有任何通貨膨脹。

菲力普採用英國資料的研究成果發表後，美國經濟學家立即開始研究美國是否有同樣現象。美國一九五〇年代與六〇年代的失業率和通膨率歷年資料，製圖後可以畫出一條完美的菲力普曲線（當你的資料似乎支持某個經濟理論時，那種感覺總是美好的）。但太好的東西總是難以持久，一九六八年知名經濟學家米爾頓．傅利曼（Milton Friedman）⑦預測菲力普曲線在長期不會成立，他從很多面向深入周到的

⑦米爾頓．傅利曼（1912-2006）：美國自由派經濟學家，畢生主張「減少政府干預」與「鼓吹個人自由」，一九七六年獲諾貝爾經濟學獎，堪稱二十世紀最具影響力的經濟學家之一。

論證。以本章目的，我們可以把重點歸納為：長期而言，經濟總會回復到潛在GDP及自然失業率。傅利曼有力地論證失業率與通膨率，在長期看來沒有任何的取捨關係，只會有自然失業率，而唯一的問題是通膨率高或低。值得花一點時間，思考傅利曼提出主張的聰明與大膽。他跳脫當時的既有證據和主流的專業共識，結果證明他是對的。

過了沒幾年，曾經在一九五〇年代與六〇年代盛行的失業率和通膨率之間的關係，一九七〇年代突然失效。記住，菲力普曲線預測的是通膨率與失業率之間的取捨關係。一九七〇年代，通膨與失業同時上升，當時是停滯性通膨的年代，兩者都幾乎達到雙位數。一九八〇年代，兩者同步下降。然後在一九九〇年代，兩者都低於一九八〇年代中期的水準。通膨與失業不但沒有取捨關係，反而像是往同一個方向移動。

凱因斯派與新古典經濟學派之爭

這是怎麼回事？我們要如何解釋菲力普曲線吻合一九五〇年代與六〇年代美

國失業率與通膨率的資料，但後來突然與一九七〇年代、八〇年代與九〇年代的資料不一致？看來最合理的解釋是，菲力普曲線是一種短期現象，它可以持續一個或數個景氣循環。但是在長期，景氣循環與循環性失業起起伏伏，只有根本的自然失業率持續存在。而伴隨自然失業率的是變動的通膨率。歷史模式顯示近代美國的自然失業率約五～六％。失業率在過去四十年一再回到這個水準，儘管通膨率異常波動，期間內從二．五％一路上升到一一％。因此在這期間內，確實有菲力普曲線在通膨與失業之間的取捨關係。但在幾十年內，經濟持續調整重回自然失業率；然而較高的通膨率，長期而言對經濟沒什麼好處。

我們所強調的短期與長期差異，反映了總體經濟學家間的分歧。**支持凱因斯法則（需求創造其自身的供給）的經濟學家，傾向於更注重短期幾年內的景氣循環，而支持賽伊法則（供給創造其自身的需求）的經濟學家傾向於更注重長期。**

凱因斯派經濟學家強調，總體經濟有時無法調和總合需求與總合供給；供給大致穩定成長，但需求的波動較多，這是因為總合需求的構成要素（例如投資與消費）會受限於各種非理性的壓力。凱因斯認為投資會受到「動物本能」

（animal spirits）的影響，是指沒有經過盤算就貿然出手的衝動。再加上反覆無常的消費者情緒、僵固工資與價格，會導致生產過剩和失業。根據凱因斯派的觀點，經濟在衰退初期或接近尾聲時都不穩定。

此外，凱因斯派關心的是，總體經濟可能會有很長的時間被困在潛在ＧＤＰ下方，即使政府沒有介入，經濟在長期會慢慢恢復到充分就業。但如同凱因斯的名言：「長期而言，我們都死了。」等待長期的結果，要付出很大的成本；如果經濟需要花時間重新調整，這對人們的生命與職業生涯來說都是很長的時間。因此，凱因斯派經濟學家傾向於支持政府積極的總體經濟政策，盡可能對抗失業、刺激經濟以及縮短衰退與蕭條的時間。

另一方面，新古典學派經濟學家信奉賽伊法則（供給創造需求），往往強調經濟隨著時間會調整到潛在ＧＤＰ的狀態。不考慮經濟大蕭條的情況下，他們相信當代的總體經濟是相當穩定的。**過去幾十年的資料顯示，經濟總會恢復潛在GDP，此時自然失業率為五～六%**。新古典經濟學家承認經濟大蕭條，和二〇〇七～〇九年的大衰退一樣，都是可怕的事件。但他們也相信如果政府積極干預總體經濟政策，結果可能好壞參半，甚至造成更大的經濟不穩定。新古典經濟學家偏好總體經濟政策有清楚的施政準則，事先詳細說明，這麼做可限制政府的裁量權，也便於市場機制可以把各項規則納入考量。

凱因斯派與新古典經濟學家不是對每件事都意見不合。但平心而論，凱因斯派較傾向強調政府能夠如何幫助失業者，例如協助找工作、重新訓練，或是暫時支援失業保險與健康保險等計畫。相反的，新古典經濟學派可能排除或重新擬定會妨礙企業增加雇用勞工的法規、要求提供員工福利，或是限制營業時數及增蓋新廠的地點等等規定。

凱因斯派與新古典經濟學派，都認為他們的主張能改善長期經濟成長。新古典經濟學家強調經濟政策的穩定性與可預測性，伴隨著低通膨率，如何創造一個經濟環境，讓企業可以聚焦於創新和投資。記住，一九七〇年代初期生產力成長趨緩的時期，同時也是一九七〇年代高通膨的時期，除非通膨在短時間內變低，否則生產力成長不會恢復。凱因斯派則強調，經濟衰退往往是失業率高且實體資本投資低的時期。經濟衰退不但代表短期的經濟損失，而無法獲取經驗的工人、不能增加實體資本投資的企業，也將在長期成長上落居人後。

一九八七年諾貝爾經濟學獎得主羅伯特．梭羅，針對長期成長與對抗短期衰退的議題，描述總體經濟學家的雙重作法：

從短期觀點而言，我認為凱因斯派的主張是好東西，確實比新古典經濟學派的任何論點都好。從非常長期的觀點而言，最適合用新古典主義的架構來研究，不必分心去注意凱因斯派的主張。而從五～十年的觀點，我們必須盡可能整合，找出一個可行的混合模型。

經濟學界目前持續探索介於凱因斯與新古典之間的「混合模型」。因此我們應該記住的是，總體經濟政策應兼顧短期經濟波動與長期經濟成長。

第八章

財政政策和預算赤字

Fiscal Policy and Budget Deficits

「財政政策」是概括政府租稅
與支出政策的專有名詞。

雖然現實世界的經濟有短期波動與長期發展，總體經濟政策仍試圖把經濟導上正軌，達成四個主要的總經目標：長期成長、低失業率、低通膨率以及可承受的貿易餘額。本章的討論重點轉到總體經濟政策的主要工具。本章和後面兩章將處理財政政策：也就是政府的租稅與支出政策如何影響總體經濟。隨後的章節將轉往貨幣政策：也就是中央銀行如何影響國家的利率和貸款金額。

要知道財政政策的潛在力量，首先要明白政府預算有多龐大。以美國為例，聯邦政府的支出最近幾十年占美國ＧＤＰ的二〇％[8]，而美國ＧＤＰ約占全球ＧＤＰ的四分之一。因此，美國政府年度預算是全球ＧＤＰ的五％。政府的支出占該國ＧＤＰ的三分之一、二分之一甚至更高比例，在全世界都很普遍，因此政府的龐大支出是值得關注的。

財政政策（fiscal policy），是經濟學家用來概括政府的租稅與支出政策的專有名詞。雖然中央政府預算每年略有不同，但有些長期模式是可判讀的。

[8] 台灣政府支出占ＧＤＰ比：二〇一七年政府歲出淨額占ＧＤＰ的一五．九％。（資料來源：106年財政統計年報）

錢花到哪裡去了？

從支出面來看，美國聯邦政府歲出的主要類別是國防支出、社會安全退休金、健保（尤其是醫療照顧保險與醫療補助保險）以及借款利息，這些項目占總支出約三分之二。以二〇〇九年為例，聯邦政府歲出的一八．八％是國防支出，一九．四％是社會安全退休金，二一．七％是醫療支出，五．三％是利息支出，剩下大約三五％涵蓋預算裡的其他項目。「其他項目」則包含農業、濟貧計畫、聯邦政府員工退休福利、國際支出、太空科學、能源、自然資源、商業、住宅、社區發展、運輸、教育培訓、退伍軍人福利、執法、政府運作費用（例如薪水與電腦）。

國防支出占全國GDP的比重略降，從一九五〇年代的一〇％降到六〇年代的七％，以及七〇年代的五％。到了一九八〇年代中期，比重微升，約占GDP的六．五％，然後在一九八〇年代後期與一九九〇年代穩定下降，二〇〇〇年達到GDP的三％。然而，在二十一世紀第一個十年，國防支出回升到GDP的五％，社會安全退休金和健保支出占GDP的比重，也逐年穩定增加。

關於美國聯邦政府支出的激辯之中，某些項目的金額在聯邦政府看來是小事。例如贊助國家藝術基金會，該機構預算約一．六億美元，比較二〇〇九年聯邦政府總預算三．五兆美元，這筆錢微不足道。很多人認為對外援助是政府支出中的一筆巨款，但它實際上還不到聯邦政府預算的一%。相反的，國防支出相當龐大，從九一一恐怖攻擊事件以來一直成長。然而，聯邦政府預算裡最大的一塊是針對老年人，包括社會安全退休金、健保與聯邦政府員工退休福利，它們幾乎占預算的一半。這種分布型態，有助於了解為什麼很難削減聯邦政府預算。削減國防支出、社會安全退休金、健保及其他醫療支出，都是不得人心的選項，但它們卻是大宗預算，而其他領域都不夠大，就算削減也不足以產生重大差異。

美國整體的聯邦政府支出，歷年來有什麼趨勢？首先，聯邦政府支出占GDP的比重，幾十年來沒有任何上升。回溯一九六〇年代初期，聯邦政府支出介於GDP的一九～二二%，比一九八〇年代雷根總統擴充軍備時期的比重還高一些。一九九〇年代初期，政府支出約占GDP的二一～二二%。在柯林頓總統任內，比重稍微下降，二〇〇〇年小布希入主白宮時，處於正常範圍的低點。在小布希第一個總統任期結束後，聯邦政府支出回到長期範圍（一九～二二%）的中間地帶。在二〇〇七～〇九年的經濟衰退期間，聯邦政府支出上漲超出歷史範圍，在二〇〇九與二〇一〇年約占GDP的二五%。但這兩年的高支出，是在特殊的經濟情況下發生，並未造成一股長期趨勢（至少目前沒有跡象）。

總之，很多人認為美國聯邦政府支出數十年來不斷失控飆漲，其實不是事實。**從GDP的比重來看，美國聯邦政府支出在過去五十年來差不多是一樣的。**

至於租稅方面，聯邦政府稅收的主要類別是個人所得稅、公司所得稅、薪資稅（用於社會安全退休金與健保）、貨物稅（來自汽油和菸酒），這些項目占總稅收九五%。以二〇〇九年為例，聯邦政府稅收有四三．五%是來自個人所得稅，六．六%是公司所得稅，四二．三%是用於社會安全退休金與健保的薪資稅，三%是貨物稅，一%是遺產稅與贈與稅，其餘則是由較小的稅目組成，例如關稅與雜費。

個人所得稅是美國政府稅收大宗，但仍不到總收入的一半。用於社會安全退休金與健保的薪資稅，幾乎和個人所得稅一樣大。事實上，由於高收入者支付的個人所得稅較多，而每個有工作的人都要支付社會安全退休金與健保的稅，所以有超過一半的美國家庭，在薪資稅的支出超過它們在所得稅的支出。

再來注意政治上有爭議的某些稅，例如遺產稅，它占美國聯邦政府收入的比重並不高。削減遺產稅是不是個好主意見仁見智，但都不致大幅改變整體的預算情況。就像聯邦政府支出一樣，美國聯邦政府稅收占ＧＤＰ的比重在過去幾十年也沒有任何上升的趨勢[9]。打從一九六〇年開始，聯邦政府稅收通常占ＧＤＰ的一七～一九％。這個數據在一九六〇年代略為降低，然後在一九七〇年代、八〇年代與九〇年代初期都相當固定。一九九〇年代後期到二〇〇〇年，聯邦政府稅收悄悄爬升到ＧＤＰ的二〇・九％，這是一九四四年以來的最高水準。從歷史資料來看，當時的聯邦政府稅收比重非常高，因此在二〇〇〇年總統大選時小布希與高爾都主張減稅，並不讓人感到意外。到了二〇〇六與二〇〇七年，聯邦政府稅收占ＧＤＰ比重比一八％高一點，相當接近歷史平均值。但二〇〇七～〇九年經濟衰退使稅收減少，二〇〇九與二〇一〇年時跌到一五％左右。

在我們把支出面與稅收面放在一起看之前，先澄清兩個問題。首先，有人主

⑨台灣賦稅收入占ＧＤＰ比率：自一九九〇年的二〇・〇％逐年下降，二〇〇〇年以來多維持在一二～一四％之間。二〇一〇年我國賦稅收入占ＧＤＰ比率一二・〇％，低於主要國家；鄰近之日本占一六・三％、南韓占一九・〇％。二〇一三年全國賦稅收入實徵淨額為一兆八千三百四十一億元。（資料來源：財政部統計處）

張把社會安全退休金從聯邦政府預算中抽離，因它是用信託基金與個別的稅收來經營。但這不會改變社會安全退休金涉及法律強制課稅，以及國會決定支出的事實。你不能只是把這筆大約七千億美元的稅花掉，然後說：「這筆錢不是在我左邊的口袋，它是在我右邊的口袋，所以它對別的事情沒有影響。」社會安全退休金與健保，必須納入聯邦政府實際上所做的事情當中。

花一點時間來處理各州與各地的預算問題。如果把州政府與地方政府的預算合起來，大約是GDP的一三～一四％，而聯邦政府支出是GDP的二〇％。美國聯邦政府、州政府與地方政府的支出加起來的總支出，占GDP的三分之一左右。然而，州政府和地方政府支出所著重的優先次序，與聯邦政府支出不一樣，尤其是在教育、刑事司法與基礎建設。例如，州政府與地方政府的教育支出明顯大於聯邦政府的國防預算，也明顯大於社會安全退休金的支出。我們將不考慮地方政府預算，因為地方缺乏總體經濟政策的執行力。國家政府才有能力管理預算赤字；相反的，州政府與地方政府則根據預算平衡的原則運作。

政府預算中，每一年的稅收並不需要與支出完全一致。如果政府的支出超過它的稅收，這時會有赤字[10]。若政府稅收超過它的支出，這時會有盈餘。看看過去半個世紀的赤字與盈餘模式，一九六〇年代，美國政府大部分時間都在管理小幅的預算赤字，通常是GDP的一%以下。一九六九年是個例外，當年出現盈餘。一九七〇年代，聯邦政府每年都有預算赤字，約GDP的三～四%。一九八〇年代每年也都有預算赤字，在中期有幾年超過GDP的五%。一九九〇年代中期，赤字突然銳減，令人震驚的是（至少在當時對我來說）一九九八～二〇〇一年聯邦政府出現了預算盈餘。二〇〇二年，赤字再次出現，在二〇〇〇年代中期通常是GDP的二～三%，大致上與一九七〇年代規模相同。二〇〇七～〇九年經濟衰退後，如同先前提到的，政府支出激增且稅收下降。預算赤字暴增至歷史高點，在二〇〇九與二〇一〇年是GDP的一〇%。當政府的支出超過稅收時，要去哪裡籌錢？答案是發行債券。你可能還記得，債券是一種金融工具，它有某個面額以及在特定期間內承諾支付的利率。假設預算赤字是五千億美元，聯邦政府就會發行五千億美元的債券來填補缺口，然後再償還。

⑩台灣中央政府預算赤字：二〇一一年度為三千零六十七億元，為GDP的二．二%，二〇一二年度為三千五百六十七億元，為GDP的二．五%。（資料來源：財政部統計處網站）

政府預算如何影響總體經濟政策

政府稅收或支出計畫，都要考量如何設計，運用合理成本達到政策預期目標。但這裡不打算討論個別政策，而是要探討政府稅收與支出的總體經濟學。我們特別想要探討的是政府預算如何影響總體經濟政策的四個主要目標。

第一個總體經濟目標是經濟成長，它受到實體資本、人力資本、技術等長期投資的因素影響。政府借款與儲蓄會連結到實體資本投資，它是國民儲蓄與投資恆等式的一部分。這條恆等式說明，**對整體經濟而言，國內儲蓄與外資流入（美國經常帳赤字的對立面）的資金供給量，必須等於實體資本投資與美國政府預算赤字融資的資金需求量**。如果政府借了很多錢，就可能會減少私人投資可取得的資金，也可能使政府和整體經濟更依賴外資流入，因而擴大貿易逆差。另一方面，各個層級的政府，主要的政策是建立人力資本，畢竟政府得提供教育以及新技術的研發資金。如果美國社會有更多私人儲蓄（這會使政府借款變少），對有長期報酬的事情增加支出，就有助於長期經濟成長。

第二個目標：財政政策如何處理失業問題（無論是循環性失業或自然失業

率）？應重新設計特定的、會影響雇用的稅負以及重新設計幫助失業民眾的支出計畫，以降低自然失業率。另一方面，循環性失業與經濟衰退有關，適當的財政政策是增加政府支出或減少稅收，以提升總合需求，至少抑制循環性失業發生時造成失業的增加。

至於第三個目標，如何降低通膨？記住，通膨是由於過多金錢追逐太少商品，此時總合需求已經高過潛在GDP，因此，整個消費價格都上升了。此時，財政政策可以透過減少支出或增加稅收以降低總合需求，這兩種手段都會把錢抽出來，以避免通膨。

第四個目標是可承受的貿易餘額。財政政策怎麼會影響貿易餘額？如同前述，因為政府借款與儲蓄，是國民儲蓄與投資恆等式的一部分。事實上，政府借款是美國社會最大的資金需求之一。當政府資金需求很高時（例如每年占GDP的三%或四%），會吸引外人投資。因此，高額的政府借款是和大量貿易逆差有關的。無論是以增加民間投資或減少政府借貸的形式，只要提高國民儲蓄，就能讓整個社會不那麼依賴外人投資。

以上大致描述財政政策的工具。但就像你已經知道的，經濟的短期目標和長期目標不總是一致。下面兩章將探討這些工具的實際運作，我們先探討短期，再探討長期。

第九章

反景氣循環的財政政策

Countercyclical Fiscal Policy

租稅是自動、反景氣循環的財政政策。

你可能已經注意到有兩種時間範圍，處理總體經濟問題的模式：凱因斯學派屬於短期架構，而新古典學派則屬於長期架構。我們在這裡將著重短期、幾年內的財政政策，通常是指從一次經濟衰退結束到下次經濟衰退開始的期間。

我們先來複習一下總合需求C＋I＋G＋X－M，也就是消費＋投資＋政府支出＋出口－進口。在這條方程式中，有三個元素特別會受到財政政策影響，其中最明顯的是政府支出，但消費和投資也會受到租稅政策的顯著影響。減稅可以刺激消費與投資，增稅則會減弱它們。因此，財政政策有能力使總合需求移動。

使社會的總合需求或購買力提高的政策，稱作**擴張性總體經濟政策**，或稱**「寬鬆」**（loose）的財政政策。擴張性政策包含**減稅與增加支出**，兩者都會使更多的錢流入社會。反之，用來**降低總合需求的政策，稱作「收縮性」（contractionary）政策或「緊縮」**（tight）**的財政政策**。增稅或減少支出的政策屬於收縮性財政政策，會減少社會的購買力。這種財政政策基本上目的是平衡經濟衰退和擴張。

兩種財政政策：自發性或權衡性

是否該調節支出或稅收來影響需求，這個決策取決於當下時空的特定條件，以及政治優先次序。重點在於提高總合需求，使經濟往某個方向移動。凱因斯在《就業、利息與貨幣的一般理論》反覆思考一個論點，他說政府可以「在舊瓶子裡塞滿鈔票，埋進廢棄的煤礦坑中，再用城裡的垃圾掩蓋填平，透過屢試不爽的自由放任原則，把它們留給私人企業再次挖掘出來。」他以蓋房子為例，說明提供實質效益來刺激經濟是更明智的，只要你的目標是提高總合需求，至於要怎麼做，從總體經濟觀點而言，只是次要考量。

如果不是要對抗失業，而是對抗通膨，就需要一個緊縮的財政政策來降低總合需求。政府可以降低支出或提高稅收，而經濟理論並沒有規定這兩者的哪個選擇或哪種組合在特定或一般情況下是最好的。我們稍後將回來討論稅收與支出這兩個工具之間的抉擇。

反景氣循環的財政政策可以用兩種方式執行：**自發性或權衡性**。**自發性穩定機制是政府的財政政策在不需要動用法律的情況下，當經濟衰退時自動刺激總合**

需求，當經濟擴張時自動抑制總合需求。

為了理解這是如何自動發生的，我們先想像一下經濟快速成長的情況。總合需求很高，即將高於潛在ＧＤＰ，此時我們擔心的是通貨膨脹。此時，適當的反景氣循環財政政策會是什麼？其中一個選擇是增加稅收，把一部分的購買力從社會中抽離出來。某種程度上這件事會自動發生，因為稅金大約占人民收入的一定比例。當收入提高，稅收會跟著自動提高。甚至因為個人所得稅是採級距課稅，人們每多賺一塊錢所需繳納的稅金會逐漸提高。當然，同樣的過程反過來也有同樣的效果。經濟收縮時，人們應納的稅金會自動下降。這有助於避免總合需求減少得太嚴重，因此，租稅是自動、反景氣循環的財政政策，或者說它是一個自發性穩定機制。

在支出面，當經濟成長時，該實施哪一種反景氣循環政策，實際上又會發生什麼事？**當景氣熱絡，接近潛在GDP時，反景氣循環的財政政策目標是預防需求成長過快導致通貨膨脹。**但是當經濟很好時，比較不需要政府的援助計畫，例如社會福利、醫療補助保險與失業給付。因此，景氣好時，這類政府支出會自動減少，發揮了自發性穩定機制。反之亦然。在經濟不佳或衰退時，有更多人失業且需要政府救助。政府幫助失業者和窮人的專案支出會上升，使得總合需求提高（或至少使它不會縮水太多），這恰好是我們想要的反景氣循環的財政政策。

近年來的經濟情勢在這方面提供了幾個例子。一九九〇年代後期網路經濟蓬勃發展時，聯邦政府稅收出乎意料激增。柯林頓總統提出的一九九八財政年度預算，預測會有一千二百億美元赤字，但當年稅收比預期多出二千億美元，結果產生六百九十億美元的預算盈餘。同樣的，柯林頓提出的一九九九年度預算，預測二〇〇〇年是預算平衡，結果實際上是盈餘二千三百六十億美元。一九九八～二〇〇一年的持續盈餘，使得聯邦政府稅收增加，二〇〇〇年的聯邦政府稅收占GDP的二〇．九％。這些出人意料的高稅收並非新法規的結果，而是自發性穩定機制使然，有助於預防經濟擴張太快而引起通膨。

再來看相反的例子，二〇〇九與二〇一〇年出現非常大的預算赤字。小布希總統最後一次提出的預算是在二〇〇九財政年度實施，當時預測二〇〇九年稅收占GDP的一八％。但是當經濟衰退席捲而來，導致該年實際稅收只占一四．

八%。部分原因是二〇〇九年歐巴馬總統上任後通過減稅案，但主因是經濟衰退的惡劣程度超乎預期。當年稅收意外減少，是自發性穩定機制，有助於緩和經濟衰退的衝擊。

拉長時間來看，系統性研究指出了歷年來反景氣循環財政政策的影響。約翰·泰勒（John Taylor）研究一九六〇年代到二〇〇〇年的資料發現，一般而言，**GDP減少二%，會導致財政政策的自動補償機制將GDP拉回一%**。

考量自發性穩定機制以及稅收與支出如何自動抵銷經濟上的消長，就會出現一個爭議：國會應該更進一步嗎？國會與總統應該另外制定權衡性反景氣循環的財政政策，在自發性財政政策之外，試圖更加穩定經濟嗎？回溯一九六〇甚至七〇年代，為數眾多的經濟學家偏好使用權衡性政策。一九八〇年代與九〇年代，主流觀念向另一方擺動，轉而懷疑這種權衡性政策是否有用或有效。然而，在二〇〇七~〇九年經濟大衰退期間，權衡性財政刺激方案再次出現了。

權衡性財政政策的難題

為什麼許多經濟學家都懷疑權衡性財政政策？首先，它有**時機的問題**。自發性穩定機制內建於支出計畫與稅制裡，因此它們在經濟衰退或復甦出現時，可以即時反應。相反的，權衡性財政政策要到問題發生時才制定，到時可能已經來不及了。國會要等到經濟衰退或通膨出現時才會處理，加上起草、辯論、修正、再辯論、再修正以及最後政府預算表決（一年只有一次）的時間，政府把財政政策付諸實行至少要一年，到那時經濟問題可能又有所變化。舉例來說，歐巴馬政府的振興方案在二〇〇九年二月通過法案，根據國家經濟研究局對於經濟衰退起訖時間的研究，經濟衰退會在二〇〇九年六月結束。無論歐巴馬振興方案的優缺點為何，它實施的時間根本不夠長，因此不足以成為終結經濟衰退的主要因素。

權衡性財政政策的第二個困難是，會引起**不受歡迎的副作用**。設想政府實施寬鬆財政政策試圖振興經濟的情況，政府可能會因減稅與增加支出而提高預算赤字。但預算赤字高也表示政府可能吸走很多錢，而這錢原本可用於國內投資。另一方面，政府創造出的額外需求，可能會被引導到購買進口產品而非國產品，改善了他國經濟而非本國，還導致更大的貿易逆差。

權衡性財政政策的第三個困難，在於**政治的本質**。自從經濟大蕭條與凱因斯的著作問世以來，很多經濟政策制定者都要求政府制定反景氣循環的財政政策，亦即在景氣差時花錢、景氣好時撙節。但政治上很難這麼做，為什麼？想像經濟飛快成長的情況，稅金像洪水湧入，經濟學家說：「不要花掉這些錢！要累積非常大的盈餘，削減支出並提高稅收。」這是一個好的反景氣循環政策，但它在政治上不容易獲得認同。當經濟萎縮且資金吃緊時，經濟學家說：「這是大肆揮霍的良機，我們知道收不到稅金了，管它的，花吧！」但很多公民和政治人物會說，如果人們都在不景氣時勒緊褲帶過日子，政府也應該這麼做。在景氣好時撙節政府支出，景氣差時擴大支出，這種敏銳的洞察力不是一般政治人物會有的智慧。

第四個顧慮（適用於權衡性與自發性反景氣循環政策）是，這些措施有點像得了重感冒服用阿斯匹靈：它讓感覺麻痺，讓人覺得舒服些了，但其實**並沒有直接處理潛在的問題**。一九七〇年代，美國經濟因油價大漲而停滯不前；一九九〇年代後期網路熱潮過後，美國經濟受到重擊；二〇〇七～〇九年經濟衰退房價泡沫破滅，美國經濟受到金融危機打擊。總體經濟的財政政策並不處理下列問題，像如何使美國經濟較不受油價衝擊，或如何處理科技股或房地產的價格泡沫，如何設計較不受危機影響的金融體系。財政政策雖或多或少可以減輕經濟衰退的痛苦，但是經濟衰退的根本原因，仍然需要透過民間市場與政府部門來處理及克服。

最後要提醒的是，剛才的討論並沒有處理由中央銀行實施的貨幣政策。我們稍後會詳細探討，目前我只談，央行決定升息或降息，提供了短期管理總合需求的替代方案。降息有助於刺激總合需求，升息則會抑制總合需求。此外，中央銀行通常會比國會的反應更快，相較於迂迴冗長的預算過程，調整利率幾乎可以立即執行。因此**有些經濟學家認為，央行與自發性財政穩定機制已足以掌握大部分的短期議題，而權衡性財政政策應該交給國會，以因應特殊問題**。

到底要透過租稅面或支出面來實施財政政策，這個問題通常要看黨派立場。保守派通常傾向採取減稅的擴張性財政政策，以及削減支出的收縮性財政政策。自由派則偏好採取增加政府支出的擴張性財政政策，以及增稅的收縮性財政政策。反景氣循環財政政策的理論，在這場爭論中並不偏袒任何一方。因此，當經濟學家對於如何實施總體經濟政策的意見不一致時，其實大部分原因是黨派立場不同，就像大家一樣。研究經濟學的目的是幫你釐清政治抉擇的範圍以及如何取捨，而政治抉擇這件事本身，仍得由你來判斷。

第十章

預算赤字與國民儲蓄

Budget Deficits and National Saving

短期的預算赤字，
在經濟衰退期間不是一件壞事。

如同先前討論的，二〇〇九與二〇一〇年美國政府預算赤字非常龐大，大約是GDP的一〇%。預算赤字其實只有幾年偏高，然後整體規模顯著下降（甚至轉為預算盈餘）；相較於預算赤字在十年或更久的期間持續處於高檔，兩者都帶來截然不同的問題。本章採取長期的財政政策觀點，探討預算赤字持續高檔會如何影響一國經濟。

別忘了政府借款是國民整體儲蓄的一部分。在美國，聯邦政府是投資基金的兩大需求者之一，另一個是私人企業，想要借錢來做實體資本投資。財務資本的兩大供給者是私人儲蓄和外資流入。因此，如果政府預算赤字上升，以下三件事的某些組合必定會發生：**私人儲蓄上升，私人投資下降，或外資流入增加**。

首先，我們來看預算赤字增加引起私人儲蓄上升的可能性。有一個經濟理論可以解釋私人儲蓄會隨著政府預算赤字增加而上升這件事，稱為**李嘉圖均等定理**（Ricardian equivalence），它是以十九世紀經濟學家大衛・李嘉圖（David Ricardo）[11]為名。李嘉圖均等定理認為，當人們注意到政府預算赤字偏高時，便預期在未來某個時間點會增稅，因此必須增加儲蓄。在此理論模型推導下，個人

⑪大衛・李嘉圖（1772-1823）：英國古典經濟學理論的集大成者，被認為是最有影響力的古典經濟學家。也是成功的商人、金融和投機家，並積累大量財富。在一八一七年發表的《政治經濟學及賦稅原理》，提出了「比較優勢」理論。

儲蓄上升可能是為了提供資金作為政府借款，但這件事有什麼證據？

預算赤字與私人投資的天平

世界銀行（World Bank）經濟學家的研究顯示，李嘉圖均等定理在某些時間和地方是成立的。他們估計全世界增加的政府借款，大約有一半是被更多的私人儲蓄所彌補。但世界銀行的研究也顯示，這個理論在美國並不成立。舉例來說，美國經濟在一九八〇年代中期與二〇〇〇年代中期的預算赤字都偏高，但都未見私人儲蓄上升來彌補。一九九〇年代，私人儲蓄的確隨著預算赤字下降而減少，但其實私人儲蓄自從一九八〇年代以來就逐年減少，因此似乎和赤字無關。如同俗話所說，即使是壞掉的鐘，一天也有兩次是準確的。每個理論偶爾都會正確，但不表示以後都有效，李嘉圖均等定理並無法合理解釋美國經濟狀況。

因應預算赤字增加的另外兩個方式，就是減少私人的實體資本投資或擴大貿易失衡。

經濟理論的**「排擠效果」**（crowding out）**認為，如果政府借越來越多的錢來**

管理赤字，就會降低民間企業可取得用於投資的資金。因此，政府借款增加應該意味著私人投資減少。相反的，政府借款減少就表示企業可取得更多資金用於投資。

但實際上美國經濟有符合這個模式嗎？私人投資向來大約占美國GDP的一四～一七％。當預算赤字在一九九〇年代晚期（大約一九九八年）轉為盈餘時，美國經濟的投資比率也上升了，從一九九三年占GDP的一四％，到二〇〇〇年的一七．二％，也就是從典型的底部到達頂部。因此，這段期間政府有盈餘且借款較少時，私人企業便投資較多錢。二〇〇〇年代中期再度出現預算赤字，私人投資比率也降低了，例如二〇〇三年預算赤字上揚時，投資占GDP的比率掉到一四．八％。如同排擠理論所示，預算赤字與私人投資會彼此抵銷。

先前討論了投資有時會受限於凱因斯所謂的「動物本能」，其漲跌可能會過多且太快。某種程度上它應該會在一九九〇年代後期的繁榮年代發生。但一般而言，新廠房與設備的實體資本投資是經濟成長的基本元素之一，也是把新技術導入生產流程的關鍵方式之一。我們有理由相信，如果使預算赤字降低，企業可取得更多資金，而且會更容易採用新技術，這有助於長期經濟成長。總之，預算赤字偏高的負面效應，就是排擠私人投資。

第三個理論稱為**擠入效果（crowding in），意思是政府大量借款會帶來貿易逆差**。我們已經討論過政府借款會如何吸引額外的外國投資，對經濟學家來說，這和擁有大量貿易逆差是同一回事。記住這裡的整體模式：當一九八〇年代中期與二〇〇〇年代中期美國預算赤字很高時，貿易逆差也很高。因為預算赤字與貿易逆差同時增加，故也稱作「雙赤字」（twin deficits）。然而，一九九〇年代後期的預算盈餘並沒有導致貿易順差，因此這兩個赤字不總是如影隨形。相反的，一九九〇年代後期預算盈餘多出來的錢，流入了當時的投資熱潮中，所以並沒有降低貿易失衡的情況。**預算赤字與貿易逆差看起來的確是有關聯，但不會亦步亦趨並肩同行**。

檢視政府總負債

長期而言，一直在成長的貿易逆差不是任何經濟體可以承受的。外國投資人想要持有的一國資產是有限的，目前美國每年付給外國投資人數千億美元，而這筆金額還在逐年上升。大量貿易逆差也帶來經濟混亂的風險。有一天，當世界各國不願持有這麼多該國資產時，對該國經濟將會造成衝擊。舉例來說，美元對其他貨幣的價值可能會長期持續下降，這可能會使在美國購買進口品的消費者和仰賴進口品（包含石油）的企業非常不安，在全球化時代，將有很多企業面臨這種情況。

短期內，沒有理由去擔憂預算赤字，尤其當經濟似乎是在潛在GDP以下。有人可能會談到擴張性財政政策要如何執行（減稅或增加支出），或是它在一個特殊經濟情況下的效果。但從總體經濟觀點而言，短期預算赤字（尤其是從自發性穩定機制而來的赤字），在經濟衰退期間不是一件壞事。

但是當赤字走高並且持續一段長時間，會發生什麼事？在這裡，分清楚預算赤字（某一年發生的政府借款）與政府負債（好幾年累積下來的借款）是有幫助的。政府負債是一個有用的衡量工具，可以看出長期預算赤字的持續影響。假設政府負債四兆美元，然後在隔年累積預算赤字三千億美元，那在當年底的總負債是四兆三千億美元。反之，有預算盈餘時就可抵減負債餘額。

衡量國債狀況的標準作法是，用某一年的政府總負債除以GDP[12]。這個計算使總負債有另一個用處，它和經濟規模的比率使我們能逐年做有效的比較。二十世紀有好幾個時期，美國政府的借款快速成長。負債占GDP的比率在第一次世界大戰後上升，在經濟大蕭條期間重演，然後在第二次世界大戰後的一九四六年達到高峰，是GDP的一〇八%。到了一九七〇年代，負債占GDP的比率從高點下滑到二五%。一九八〇年代一連串的高預算赤字使負債占比再次上升，一九九四年達到大約五〇%的高峰。伴隨著一九九〇年代後期的盈餘，負債占比下降，二〇〇一年達到三三%。由於二〇〇〇年代中期的赤字規模適中，負債占比輕微上升，二〇〇八年達到四〇%。在二〇〇九與二〇一〇年龐大預算赤字的推動下，負債占比在二〇一〇年達到六三%。

美國累積負債占GDP的比率在二〇一〇年相當高，以歷史標準來看並非異常，但長期前景並不樂觀。無黨派的國會預算辦公室（Congressional Budget Office）定期會做預算預測，該機構的預測很有可能成為未來立法的方向。在二〇一〇年六月所做的預測，認為負債占GDP的比率在二〇二〇年將達到八七%，

⑫台灣政府總負債占GDP比，據財政部國庫署資料顯示：二〇一七年我國的政府負債占國內GDP比率三八．三%，優於鄰近的日本、韓國與中國等國家。截至二〇一九年四月，中央政府債務未償餘額：一年以上五萬三千九百零一億元，短期二千八百億元，國人每人負擔債務二十四萬元。

二〇三五年將達到一八五％。

在租稅面，該預測認為稅收只會緩步上升一點，在二〇三五年達到ＧＤＰ的一九．三％，基本上仍在一七～一九％的長期範圍之內。

然而，聯邦政府支出占ＧＤＰ的比率到了二〇三五年預期將達到三五％，比歷史平均值高很多。政府支出比率提高是由三個因素驅動：醫療支出上漲是最大宗，從二〇一〇～三五年該支出占ＧＤＰ的比率多出五．四個百分點（這個預測已把二〇一〇年初通過的醫療改革法案影響納入考量）。其次是社會安全退休金提高，從二〇一〇～三五年該支出占ＧＤＰ的比率多出一．四個百分點。政府支出比率變高的第三個主要理由是支付利息變多，它們會在所有債務中逐漸累積。

胡佛總統有一句名言：「年輕人有福了，因為他們必承受國債。」但年輕可不是專利！再活一、二十年，美國民眾將面對更龐大的國債。

這份預算預測沒有引起特別爭議，跟美國政府主要的長期預測大致相似。如果社會安全退休金、醫療照顧保險、醫療補助保險與其他醫療計畫如預期上升，美國將面臨很高比率的政府支出。美國將以龐大、史無前例的增稅，或預算赤字來支付這筆錢，或是雙管齊下。

美國長期預算赤字預測不樂觀的單一最大因素是醫療成本。要強調的是，在二〇〇七～〇九年經濟衰退前或是在二〇〇九年歐巴馬總統上任前，長期預算預測已經相當糟糕。二〇〇七～〇九年經濟衰退後的高赤字，使負債占GDP比率急遽上升的情況提早發生，但無論早晚，終究發生了。

預算赤字或社會福利的取捨

前文提到的公共政策方案，沒有一個是容易推動的。大幅增加稅收在政治上總是不受歡迎，美國政治體系已經顯示無力抑制醫療成本（這筆支出在幾十年來急遽上升），也無力處理社會安全退休金的長期資金問題（這是幾十年來大家都知道的事）。削減聯邦政府的其他支出來支應不斷上升的醫療成本，看起來也不可行。

制定可增加私人儲蓄的公共政策，是一個值得考慮的間接選擇。如果這個方法行得通，可以提供更多資金用於私人投資，也使經濟較不依賴外人投資。美國在最近幾十年透過各種減稅措施例如個人退休帳戶計畫與401（k）帳戶，試圖鼓勵私人儲蓄。這些措施背後的概念是，儲蓄者的這筆錢可遞延到退休後才課稅，這會增加可用來儲蓄的金額，因而增加報酬率。然而，即使已經有這些帳戶計畫，美國的私人儲蓄仍然偏低。

如果我們進一步提供誘因之外的措施呢？比如法律要求的儲蓄率？這個想法在政治上的保守派與自由派都有支持者，雖然他們使用不同的詞彙來各自表述。保守派說的是私人退休帳戶，用它來取代部分或全部的社會安全退休金和健保。雖然保守派的說話藝術傾向於強調「私人」，暗示這個計畫給予個人更多的選擇，但如果你仔細聽，這些計畫多會要求或強烈鼓勵人們投入更多的錢。舉例來說，其中一個建議是把你的社會安全退休金薪資稅的一．五%，移轉到員工個人帳戶，而員工也從薪水提撥另外一．五%到同樣的帳戶。這不像是鼓勵儲蓄，也許更像是賄賂，但目的是希望增加私人儲蓄。

至於自由派，這類提案稱作自由派家長作風，它專制的認定預設選項以鼓勵私人儲蓄，但你可以選擇拒絕。它的概念大致上是每個人會被要求擁有個人退休帳戶或401（k）帳戶，每個人自動把薪水的五％或一〇％存入這個帳戶。你可以選擇不要存，但它假設大多數人無論如何都會接受這個預設計畫，讓金錢不斷累積。同樣的，這種計畫也很像鼓勵人們儲蓄。

美國預算赤字和累積負債的長期前景很糟糕，未來龐大預算赤字的夢魘難以想像。它們將消耗大量資金，並阻礙經濟成長。我無法想像目前的趨勢再繼續下去，但我也不能預見會有什麼樣的租稅或支出政策可以大幅降低赤字。面對這個問題，足以讓每位經濟學家都變得謙卑起來。

第十一章

貨幣銀行學

Money and Banking

銀行實際上是藉由承作放款的過程來創造貨幣。

貨幣是什麼？這似乎是個簡單的問題，但答案卻意外複雜。貨幣不只是你錢包裡的鈔票與硬幣，也不只是在各種時空背景下，從貝珠到家畜等用作交易的東西。舉個例子，在西太平洋的雅浦島（Yap Islands），已經使用貨幣好幾個世紀，至今仍然用在大量採買交易。雅浦島的貨幣是車輪般大的石頭，非常重，一個人搬不動，卻被當作貨幣使用，因為全部石頭的所有權是公開的。如果你想買房子，向屋主開價六個石錢，然後屋主接受了，你只要讓所有鄰居知道你曾經擁有的這六個石錢，現在屬於另一個人的就行了，不需要搬動這些石頭，每個人都知道（或者很容易問到）它們屬於誰的。有一次，雅浦人試圖運送一些石錢經過海灣，但運送這些石頭的船沉了。這事起初看來是個大災難，但島民很快意識到這根本沒關係。他們知道有多少顆石錢，也知道它們在哪裡（即使沉到海底），因此仍然可以說誰擁有哪一顆石錢。人們不需要能夠看到或摸到石錢，一樣可以使用。

這個貨幣制度聽起來很瘋狂嗎？但這基本上便是國際行之有年的貨幣運作方式。美國長期以來把大部分黃金安置在田納西州的諾克斯堡。諾克斯堡的黃金很難搬動。如同雅浦島的巨大石錢，人們只是持續記錄哪一堆黃金屬於誰的：這一堆曾經屬於A銀行，現在屬於B銀行；那一堆曾經屬於法國，現在屬於英國。黃金實際上在哪並不重要，重要的是持續追蹤誰擁有什麼樣的購買力。

貨幣的三種功能定義

但如果雅浦島的大石錢或諾克斯堡的黃金從未被移動，有個弔詭的事實是：它們實際上是否存在根本不重要，只要我們持續追蹤誰欠誰多少錢，那麼實際上的錢（亦即我們用來買東西的那些硬幣、鈔票和支票），也可以完美地發揮作用，不一定要有某個實體資產來支持，例如一堆石頭（即使是黃金打造的）。因此，經濟學家不是用貨幣形式來定義貨幣，而是把社會上具備下列三個功能的任何物品定義為貨幣：**交易媒介**（medium of exchange）、**價值儲存**（store of value）、**計價單位**（unit of account）。

交易媒介是可以拿來交換任何待售商品的某個東西。舉例來說，美國紙鈔上面有一句話：「這張鈔票是可以清償政府與民間各種債務的法定貨幣。」換句話說，如果你有欠債，依法可以用這些紙來還債。如同美國幽默作家安布魯斯·畢爾斯（Ambrose Bierce, 1842-1914）所說的：「金錢對我們沒有任何用處，除非把它花掉。」

作為價值儲存的工具，貨幣是可以暫時持有而不會失去有效購買力的物品。當你收到貨幣，你不需要立刻把它花掉，因為它在隔天或明年仍然可以保值。相較於保存實體商品（例如罐頭食品或冰箱），在價值上持有貨幣確實是更好的方式，且在未來某個時間點要交易使用也更容易。這並不表示貨幣必須具備完美的價值儲存功能，例如在通膨時，貨幣的確會減損一些購買力，但只要仍被廣泛使用作為儲存價值的媒介，它仍然是貨幣。在惡性通膨的情況下，貨幣幾乎不能再稱為貨幣，因為它再也不能儲存價值。

貨幣的最後一個功能是作為計價單位，意思是大部分商品價格是用貨幣來衡量。貨幣是整個經濟的價值衡量標準，使人們、企業、經濟學家、政府統計學家有一個方式能夠衡量並比較他們遇到的每樣東西的價值。

如果要把某個東西當作貨幣，它必須滿足這三個功能。房屋可以提供價值儲存的功能，它可以累積價值而且你可以賣掉它；但是房屋不能作為交易媒介，你不能在買車時付給汽車業務員一間臥室；房屋也不能作為計價單位，你無法計算一磅雞肉值多少浴室。因此，房屋不是貨幣。

在賭場內，籌碼也許可作為貨幣，你可以用籌碼來交換食物、飲料、房間或是紀念品，可以作為你遇到的每樣東西的計價單位和價值儲存。但一旦你離開賭場，籌碼便再也不是貨幣了，因為你無法用來交換大部分的東西。

貨幣的最大優點在於它避免以物易物，也就是用一個商品或服務來交換另一個東西。在一個現代、先進且高度專業分工的社會，以物易物並不是一個協調大範圍交易的適當機制。在沒有貨幣的社會，兩個人之間的交易需要經濟學家所謂的「欲望的一致性」（double coincidence of wants），也就是每個人想要的是另一個人可以提供的商品或服務。例如，如果會計師想要一雙鞋，他必須找到某個人，那個人有適當尺寸的一雙鞋，並且願意用這雙鞋來交換會計服務。在一個成千上萬不同工作，與數百萬不同商品的現代社會中，如果你東奔西跑，只為你想要的每樣東西尋找交易機會，將是非常困難且累人的事。貨幣可解決這種問題，而且進一步容許更廣泛的分工、專業化以及交易量。貨幣是一種潤滑劑，可協助經濟交流的引擎順暢運作。

M1與M2

政府的金融單位有其定義貨幣的方式，它們使用一系列的定義，我們稱之為M1和M2。**M1貨幣包含通貨（硬幣與鈔票）、旅行支票與個人支票帳戶**。二〇〇九年美國M1貨幣總金額大約是一．七兆美元。其中大約一半是通貨，另一半是支票帳戶，只有一小部分是旅行支票。

M2是更廣義的貨幣，是由M1再加上儲蓄帳戶。儲蓄帳戶大致可定義為銀行活期存款，你無法用它直接開支票，但可以用其他方式輕易存取裡面的錢，例如自動提款機或銀行。M2貨幣包含貨幣市場基金、某些極安全的投資以及小額（低於十萬美元）定期存款（CD）。重點是你可以提取並花費M2裡的錢，只需要找到提款機而且也許有手續費，M1則可以隨手花用。二〇〇九年，美國M2的總金額是八．五兆美元，其中包含M1的一．七兆美元。

要注意的是，通貨（鈔票與硬幣）只是貨幣總供給的一部分。通貨只是M1的一半、M2的十分之一左右。因此，當你談現代社會裡的貨幣，不應只想到鈔票與硬幣，應該想的是**銀行帳戶**。

常見問題像是：「信用卡與金融簽帳卡屬於哪一類貨幣？它們要如何計入金融統計？」答案是，它們不是貨幣。信用卡只是短期借款的一個方法。金融簽帳卡則是連結到銀行支票帳戶，該帳戶已經是M1的一部分。各種卡片類型並不會改變實際的貨幣金額，就像你抽屜裡有三百張未使用的支票，並不表示這樣會比一百張未使用的支票還要值錢。信用卡與簽帳卡是付款的方法，不是所支付的貨幣。

重點是，貨幣是和銀行體系糾結在一起的。現今大多數貨幣是以銀行帳戶的形式存在。為了了解貨幣，我們需要了解銀行及銀行體系。用經濟專有名詞來說，銀行是金融中介機構（financial intermediary），銀行接受存款且承作放款，所以它介於存款人和借款人之間。銀行從承作放款中得到利息收入，並付利息給存款人以及支付各種營運費用。

二〇〇九年，美國銀行業總營收逾八千億美元，其中大約四分之三（六千億美元）來自於借款人付給銀行的利息，剩下的四分之一來自手續費。手續費一直是銀行逐年成長的收入，尤其是用複雜的償還條件處理放款的大型銀行。費用也差不多，二〇〇九年美國銀行總費用略低於八千億美元（由於二〇〇九年景氣低迷，當年整個銀行業的利潤接近零）。那一年銀行業的費用將近一半是營運費用，也就是薪水、辦公空間與設備。大約三分之一是付給存款人的利息，剩下的則保留給壞帳和稅金之用。

上述的營收與費用，應該有助於釐清銀行在什麼情況下可能破產。例如，如果大量的借款人都拖欠貸款（也許因為不景氣使預期應有的收入缺少），銀行可能會破產。如果銀行以固定利率承作大量貸款，但若遇到利率行情走高，它們就遭殃了。因為此時銀行從借款人收到的利息是雙方協議的較低利率，但銀行付出去的利息卻是較高利率。

在一個健康的經濟體，經營不善而虧損的銀行應該退出市場，就和其他經營不善的企業一樣。畢竟如果一家銀行退出市場，其他銀行可以繼續接受存款與承作放款。但是當很多銀行突然遭遇財務困難時，整體經濟就會受到傷害。真正的金融危機發生時，社會可取得的貸款數量會下降，銀行可能變得連短期放款也不願承作，使貨幣難以扮演經濟運轉的潤滑油角色。

銀行實際上是藉由承作放款的過程來創造貨幣。為了了解它是如何發生的，我們來想想你在銀行貸款中（例如購屋或購車時）得到的貨幣，發生了什麼事。首先，你把借來的錢付給某個人，他收到這筆錢，然後存到自己的銀行帳戶。第二家銀行用這筆存款做什麼事？它會把這筆錢貸放給其他人。其他人拿到貸款後，在購買東西時會付給某個人，這筆錢又會存入另一家銀行。銀行體系是放款與存款的一個網絡，其中放款形成存款的基礎，存款又形成放款的基礎，依此類推。這個過程創造貨幣，因為稍早定義貨幣就是銀行帳戶裡的金額。因此，當貨幣一而再、再而三地貸放出去，社會實際上會有更多貨幣。

銀行依法必須持有一部分存款作為準備金。但是當銀行拚命放款時，由於這些放款造成購買力增加，社會將出現大量的總合需求。反之，如果經濟不景氣，銀行可能決定減少貸款，因為害怕這些放款收不回來。此時，社會的購買力和總合需求會減少。如果放款金額減少，就會對整個社會的經濟活動造成影響。

因為貨幣、銀行、貸款、借款密切相關，所以政府會想對貨幣與放款數量發揮一些影響力。如果政策做得好，可以幫助總合需求在未來的成長速度，和總合供給及潛在GDP一致。在此美麗世界，總體經濟可以保持在平衡狀態，而且可以接近金髮女孩經濟——在這個世界裡，每樣東西都恰到好處。但如果銀行、放款、借款變得反常，以致總合需求下降，跟不上總合供給的步調，結果可能是經濟衰退或通貨膨脹。下一章我們將討論中央銀行。再接著一章將討論貨幣政策實際上的運作方式。

第十二章

聯邦準備理事會的權力

The Federal Reserve and Its Powers

美國聯準會主席，
是世界上最有權力的經濟要角。

誰是世界上最有權力的經濟要角？美國是全球最大經濟體，所以你可能以為最有權力的經濟要角是美國總統。雖然我們直覺會想到總統掌控外交政策，但是所有的稅收與支出法案在總統簽署之前，必須先經國會表決通過。也許最有權力的經濟要角是類似沙烏地阿拉伯的領導人，因為他可以控制石油產量，影響全球油價；又或許是位中國人，因為該國經濟快速成長。但即使是在非民主國家，個別的領導人並無法控制所有經濟活動，何況他們還受到自己所屬政黨團體的種種限制。

美國憲法第一條第八項賦予國會權力，可鑄造貨幣及調控其價值。一九一三年，國會創立聯邦準備銀行（俗稱Ｆｅｄ，中文慣稱聯準會），把上述權力委託給該機構。聯準會主席對於貨幣供給與利率有很大權力，而且在每天或每年的工作中，這項權力不會直接受到國會或總統的限制。我們可以有充分的理由說：聯準會主席（美國中央銀行首長），是世界上最有權力的經濟要角。

全球各大經濟體和大部分的小經濟體都有中央銀行。其中一些較知名的中央銀行有歐洲中央銀行（它在歐盟採用歐元時取代了歐洲很多國家銀行）和英格蘭銀行（因為英國不使用歐元而是使用英鎊）。日本銀行與中國人民銀行也扮演該國中央銀行的角色。

聯準會如何主宰全球市場

美國聯邦準備銀行是一個準政府機關，亦即它是在實際上由民間銀行擁有的組織裡，融入政府派任與法律規範。以國家層級來看，聯邦準備銀行是由所謂的管理委員會（Board of Governors，即聯邦準備理事會）來經營。該委員會包含七位成員，每位都是由美國總統任命並經參議院同意。成員任期是依照政治獨立性來設計，每一任期十四年，比任命他的總統任期還久。成員任期是在偶數年的一月三十一日到期，且每位委員只能服務一個完整任期，故十四年後，七人委員會將整個輪換。然而，十四年任期實在太長了，以致委員經常在任期屆滿前離開。如果有人被任命遞補遺缺，他可以重新計算屬於自己的十四年完整任期。美國總統會在委員中指定一位出任委員會主席，雖然委員是由總統任命並由參議院同意，但在任命後他們與日常政治並無相關。

聯準會（或任何中央銀行）的主要工作是制定貨幣政策，這有別於國會制定的財政政策。貨幣政策是貨幣供給的擴張或收縮，其目的是助長或抑制總合需求。中央銀行有三個傳統工具，可在銀行與貨幣的架構內運作：**法定準備金**（reserve requirement）、**重貼現率**（discount rate）、**公開市場操作**（open market operation）。

另外有一個因應二〇〇七～〇九年經濟衰退而剛開發完成的工具，稱作**量化寬鬆**（quantitative easing）。以下將逐一探討這些工具。

法定準備金，是銀行不可貸放出去的存款比率。每家銀行都被要求在中央銀行儲備一定比率的存款，實際上，銀行必須把這筆錢存入中央銀行。當法定準備率提高時，每家銀行可貸出的貨幣就變少，這也使得民間可獲得的貸款減少，而且總合需求會縮小，市場利率也會因此上升，使借款變得較不吸引人。

相反的，當法定準備率降低時，每家銀行可貸出的貨幣變多，銀行可以擴大放款，這會擴大總合需求。市場利率應當會跟著調降，使借款的代價降低。

舉例來說，二〇〇三年美國聯準會要求銀行的支票帳戶與儲蓄帳戶，金額在四千一百三十萬美元內須保留其中三％；超出四千一百三十萬美元的部分，則必須保留其中的一〇％作為準備金。法定準備金的規定幾乎每一年都有小幅變動，也許是上下幾百萬美元，但實際上對於銀行準備金有大幅影響的變動相當少。這個貨幣政策工具不常用，至少在美國是如此。

重貼現率（discount rate），是央行可以助長或抑制放款的另一個方式。想像一個情況，銀行已經貸出大部分甚至全部可貸資金，恰好接近法定準備率的邊緣。如果這家銀行剛好處於邊緣，而銀行要到當天營業時間結束後才會知道是否貸出太多或還沒超過，而某人可能在銀行準備打烊前上門，取出或存入一大筆錢。如果銀行算錯了，導致它不能滿足法定準備率，那麼銀行就需要在很短的期限內（理論上是隔夜）借錢，來平衡放款和存款，以符合法定準備的要求。銀行經常為此互相借錢。但如果銀行為此向中央銀行借錢，所需支付的利率就是重貼現率。

重貼現率如何影響銀行的行為？如果中央銀行提高重貼現率，就會鼓勵銀行手頭持有貨幣，不要太冒險走在法定準備率的邊緣，因為如果需要借錢補足法定準備金，會使資金成本變高。為了在法定準備率附近維持一點緩衝空間，銀行會少貸出一點錢，這就降低了市場上的貨幣數量。相反的，如果中央銀行降低重貼現率，銀行就比較不在乎走在法定準備率的邊緣，因為如果真的算錯了，借錢補足差額的代價並不高。它們就敢貸出更多錢，因而增加市場上的貨幣供給。

雖然重貼現率是一個非常好的貨幣政策工具，但在實務上中央銀行用重貼現率貸出的錢並不多。在銀行向央行借錢填補它的法定準備金之前，常見的作法是先向其他銀行借錢。美國銀行在過去幾十年、直到二〇〇七～〇九年經濟衰退前都不常向聯準會借錢，所以重貼現率並沒有太大變動。

二〇〇八年以前，公開市場操作向來是貨幣政策的主要工具。所謂**公開市場操作，是指中央銀行購買或銷售債券，藉以增加或減少貨幣供給**。我們來探討其運作方式。銀行持有資產，他們收到民間存款後，需要用某種方法把這些存款拿來投資。這些存款有些轉為放款，當人們還貸款時，銀行會收取利息。但是大多數銀行也持有某個金額的債券，通常是政府債券，銀行也從債券中賺取利息。

美國聯準會買賣債券的對象是銀行。記住，債券不是貨幣，不是M１或M２的一部分。銀行若把存款人的錢拿去買債券，銀行並不能貸出這些債券。但當聯準會購買債券，銀行就會擁有現金而非債券，而且可以增加它的放款金額。這樣就能讓放款與信用數量上升，總合需求隨之上升。如果聯準會把債券賣給銀行，就會減少銀行的現金，使銀行放款變少，這意味民間流通的貨幣變少，於是總合需求會下降。

最近幾十年來，公開市場操作一直是美國最常用的貨幣政策工具。其中一個理由是，改變法定準備率與重貼現率，需要預測銀行如何因應這些規則變化。這是一個不確定的過程，沒有人可以完全確定銀行會如何應對。但是透過公開市場操作，聯準會決定買賣特定數量的債券，便能就市場利率變化來看結果，然後決定買賣更多或更少的債券。

透過公開市場操作來買賣債券，是由聯邦準備理事會轄下的聯邦公開市場委員會（ＦＯＣＭ）決定。ＦＯＣＭ是由十二位成員組成，包含聯邦準備管理委員會的七位成員，以及全美各地銀行的五位代表。因此，公開市場操作不只是由政府任命者來決定，也納入全美銀行業者的意見。

量化寬鬆初試身手

貨幣政策工具最新的方法是量化寬鬆，過去只是理論，在二〇〇八年以前從未在美國使用。它可以用兩個方式來操作。其一是聯準會可以把錢貸給金融市場的參與者。這些通常是短期貸款，所以在二〇〇八與二〇〇九年初的金融危機，當一般放款來源枯竭時，這個方法可確保市場大戶仍有管道以取得現金。這種量化寬鬆政策會在短期貸款清償後退場。

量化寬鬆的另一個作法，是由聯準會購買較長期的證券。二〇〇九與二〇一〇年，聯準會除了購買美國國庫券，也買了超過一兆美元的房屋抵押貸款證券。這個量化寬鬆的方法似乎在二〇〇九與二〇一〇年對於穩定金融市場有些幫助，但是當聯準會最後決定停止購買或賣出它持有的部分證券時，它在未來如何長期運作，仍有待觀察。

記住，銀行是透過放款的網絡來創造貨幣。當一家銀行承作放款時，這筆錢會被存入另一家銀行，因而提供了另一筆貸款的基礎，依此類推。這些貨幣政策工具都行得通，因為它們使銀行承作放款的渴望提高或降低，或者稍微換個說法，它們讓銀行放款的能力增加或減少。為了釐清這一點，我們來談談貨幣政策是如何影響放款、總合需求及利率。

如果想讓貨幣供給變大，聯準會有四個選擇：降低法定準備率、降低重貼現率、向銀行購買債券，或是購買與借款有關的證券。這些措施可以稱為**擴張性（或寬鬆）貨幣政策**，能降低利率並促進放款。根據總合供給與總合需求模型，這也會增加社會的總合需求。

反之，如果聯準會想要降低貨幣供給，或者至少是抑制貨幣供給的成長率，它會結合一些工具來制定收縮性（或緊縮）貨幣政策：較高的重貼現率、較高的法定準備率、把債券賣給銀行，或是把持有的證券賣回市場。這些措施往往會使貨幣供給緊縮，提高利率且抑制放款。根據總合供給與總合需求模型，這些措施會降低總合需求，或至少限制總合需求上升。

關於國際金融的新聞報導，經常談到聯準會提高或降低利率。然而，關於這一點，你應該要明白聯準會並不像獨裁者有權力說：「我們宣布利率必須調升。」或「我們宣布利率必須調降。」相反的，聯準會運用其政策工具來影響銀行願意且能夠放款的資金數量。藉由擴張性貨幣政策及增加資金供給，銀行會更願意放款且利率會下降。藉由收縮性貨幣政策及減少資金供給，銀行會較不願意放款且利率會上升。透過公開市場操作，聯準會實際上是鎖定一個特定利率，稱作**「聯邦基金利率」**（federal funds rate）。聯邦基金利率是銀行同業間承作短期隔夜放款的利率。隨著這個利率的上升或下降，其他利率（例如車貸或房貸利率）會隨著它大致同步上升或下降。

雖然制定貨幣政策是中央銀行的主要任務，而且是最受媒體注意的事，但這不是央行唯一的工作。中央銀行必須確保金融體系有足夠的通貨在外流通，以滿足社會大眾的需求。例如，每年聯準會有責任在耶誕購物季期間，增加銀行可取得的通貨數量，然後在一月時降低通貨數量。

在二〇〇〇年一月一日之前，民眾害怕所謂的「千禧蟲」會引起全球經濟（包括銀行業）的電腦故障。雖然的確發生了一些災害，但結果顯示這種恐懼是被過度渲染了。當時，美國政府有四天與一組間諜衛星失去聯繫、一些機場的空中交通控制系統發生暫時故障、七部核能發電廠的電腦發生問題、全國大約四千家小型企業發現處理信用卡的系統無法運作。但是在二〇〇〇年一月一日之前，聯準會宣布手頭上有二千億美元通貨，以預防金融體系受創，導致市場暫時需要以現金交易。二〇〇〇年一月一日前後，或許是出於對未知的恐懼，人們對通貨的需求確實激增。但是通貨需求大約只有增加二百億美元，而二〇〇〇年一月底，多出來的那二百億美元現金已經被存回銀行體系。因此，聯準會的工作之一，是為可能導致現金需求波動的情況預作準備。

中央銀行──銀行中的銀行

中央銀行也扮演銀行中的銀行角色，在銀行間交換支票和轉移資金款項時扮演中繼角色。當你開立自家銀行的支票時，收到這張支票的人把它存入另一家銀行，這張支票（或支票電子圖檔）需要歸還給你的銀行，而這筆錢需要從你的銀行移轉到另一家銀行。央行按照各自需求在銀行之間移轉資金，以反映支票的流向。央行實際上可能把收集、分類、拍照、傳送支票等大量工作發包給不同的私人企業，但在法律上是由它來掌管與負責全部過程。

聯準會是美國金融體系的管制者之一。以存款保險系統為例，銀行繳納保費給該系統，萬一銀行破產時，可保護個別存款人二十五萬美元以內的資產。在很多國家，存款保險是由中央銀行經營，在美國則是由聯邦存款保險公司（ＦＤＩＣ）來管理。銀行付保險費給ＦＤＩＣ，該機構會在銀行破產時直接付錢給存款人。所付的保險費是根據該銀行的存款水準，並根據該銀行的財務狀況而調整。ＦＤＩＣ會檢查放款的價值、有多少放款已清償、這些放款的條件是什麼、銀行負債多少，基本上就是看該銀行的整體財務健康，來決定銀行的風險水準。例如二〇〇九年，根據銀行財務投資的潛在風險，相當安全的銀行可能是為銀行存款裡的每一百美元支付〇・〇七～〇・二四美元的保險費，但危險的銀行可能要為存款裡的每一百美元支付〇・四〇～〇・七七美元的保險費。

ＦＤＩＣ為美國大約八千家銀行提供存款保險。即使一家銀行破產，主其事者丟了飯碗而且銀行消失了，存保與政府仍然保證存款人會拿到他們在該銀行二十五萬美元以內的存款。這個金額對存戶大致上是足夠的，但對一些企業而言則否。聯邦準備理事會以及美國財政部，在稽核國內銀行上扮演關鍵角色，須確保這些機構有充分的金融資產，且沒有承作風險過高的放款。美國財政部轄下的通貨監理署（ＯＣＣ）在全國各地有銀行查帳員，駐點審查一千五百家全國最大的銀行與儲貸機構。另一個組織稱作全國信用合作社管理局（ＮＣＵＡ），負責審查信用合作社，這些非營利性質的銀行是由其會員擁有及經營。聯邦準備理事會也有一些責任要監督銀行控股公司，它們是擁有銀行以及其他金融機構（例如保險、證券）的大公司。

當你把這些具有監管責任的機構擺在一起，你會看到聯邦金融機構檢查委員會（ＦＦＩＣＥ）轄下一串縮寫的字母，包含ＦＤＩＣ、ＮＣＵＡ、ＯＣＣ及Ｆｅｄ等單位。基本上，ＦＦＩＣＥ是一個傘形組織，可確保所有銀行監理單位彼此溝通，並且在評估銀行風險時採取相近的標準。然而，二〇〇七～〇九年的一連串金融危機，已使得人們對於這些監督是否有效，提出嚴厲的質疑。

中央銀行也可扮演最後放款者（lender of last resort）的角色。也就是當金融體系出現重大金融災難的潛在危險時，中央銀行可提供短期放款使金融體系不會爆開或內爆。金融恐慌會因恐慌而恐慌，使銀行體系一夕崩潰，如同我們在知名電影《歡樂滿人間》（*Mary Poppins*）、《風雲人物》（*It,s a Wonderful Life*）所看到的。這種紛至沓來的人潮就是銀行擠兌（bank run），人們簡直是衝進銀行搶回他們的錢。目前再也沒有銀行擠兌的現象了，人們知道他們的銀行存款是安全的，這得歸功於存款保險。

但由於各種理由，金融體系仍有可能陷入僵局。例如一九八七年十月股市大崩盤，美國股票市值單日下跌二五%，每個人都如陷五里霧中。如果當時你是一家金融機構，且和一家持有很多股票的公司或金融機構有往來，該怎麼辦？你知道別家金融機構已經承擔很多損失，它破產了嗎？你的放款收得回來嗎？金融體系和社會的損失狀況究竟如何？沒有人完全知道。當天，聯準會出來鏗鏘有力地說：「對於任何一個需要錢的人，我們將以重貼現率提供短期貸款，而且金額可說無上限。」聯準會做出了這個承諾，才使得在銀行與儲貸機構處理問題時，金融體系還能持續運作。這個量化寬鬆的方法，提供金融市場參與者短期貸款，就像是「最後放款者」的任務，儘管它面對的是持續一年以上的金融危機，而不是像銀行擠兌的單一突發事件。

中央銀行兼具權力與責任，以實施貨幣政策及穩定金融體系。下一章我們將著重貨幣政策的實際選擇，這也是眾多爭議的來源。

第十三章

貨幣政策

The Conduct of Monetary Policy

貨幣政策是否應該
用來處理金融泡沫仍有爭議。

在經濟衰退來襲時，中央銀行是保衛總體經濟的第一線。在不景氣時，用較寬鬆的貨幣政策來降低利率，刺激總體需求朝潛在GDP水準邁進，並因而降低循環性失業。因此，經濟衰退時的標準作法是央行出面降息，即推出擴張性、寬鬆的貨幣政策。二〇〇一年經濟衰退時，聯準會曾連續降息十一次。聯邦基金利率（銀行提供同業隔夜貸款的依據）從二〇〇〇年的六・二％降到二〇〇二年的一・七％。二〇〇七年經濟衰退來襲時，聯準會又調降聯邦基金利率十次，從二〇〇七年中期的五・二五％降到二〇〇八年底的〇～〇・二五％之間。

顯然，聯準會很積極處理經濟衰退的問題，以刺激更多的總合需求；甚至在二〇〇八年開始推出新的量化寬鬆政策，當時透過公開市場操作把聯邦基金利率降到接近〇％，希望找出增加出借資金的方式。當時金融市場承受特別壓力，聯準會透過購買美國政府公債與房屋抵押貸款證券，並透過承作短期放款給金融市場參與者，希望維持金融市場運作以及改善銀行貸放意願。低利率與量化寬鬆的結合，顯然不足以阻止循環性失業在二〇〇九及二〇一〇年攀升到一〇％附近，但聯準會若沒有採取行動，失業率可能會攀升更高。

擴張性或寬鬆的貨幣政策，不會降低自然失業率。請記住，循環性失業是經濟衰退的症狀。自然失業率，則取決於動態市場裡勞動的供給與需求，會受到工作及雇用的誘因影響。它可歸因於影響動態市場裡勞動供需的所有因素，例如影響員工行為的福利與失業津貼，以及影響雇用成本與員工行為的規章制度。當社會處於或接近潛在GDP時，失業率基本上只剩下自然失業率，因為循環性失業率其實是零。在此情況下，擴張性貨幣政策已無法進一步降低失業率。

雙重打擊：經濟衰退＋正實質利率

緊縮的貨幣政策，藉由提高利率及降低總合需求，可以對抗通貨膨脹。緊縮的貨幣政策降低了流通的貨幣數量，因此也降低銀行的貸放意願。此時，可貸放的資金總額變少且利率變高，利率變高又意味著總合需求變低，也就是借錢買汽車、房子、工廠及設備的大額花費變少。這表示追逐商品的錢變少，且通膨率變低。

美國在一九七〇年代後期和一九八〇年代初期，發生一個經典案例。當時通膨達到兩位數，聯邦準備理事會主席保羅．沃爾克（Paul Volcker）決定打破通貨膨脹，因此採取極度緊縮的貨幣政策。聯準會把利率推升到兩位數，利率過高的結果，總合需求嚴重下降，以致美國在一九八〇～八二年連續三年遭受嚴重的經濟衰退。但到一九八〇年代中期，聯準會已經打倒通膨這頭怪獸。

聯準會對於通膨保持高度警戒，一九八〇年代曾數度因擔心通膨再現，微幅調升了聯邦基金利率。但是在二〇〇七～〇八年經濟衰退後，由於經濟緩步成長且失業率仍高，人們較關注的是通貨緊縮，而非通貨膨脹。

當通膨率出現負數時，稱作**通貨緊縮**（deflation）；**意即貨幣的購買力不但沒有隨著時間變低，反而隨著時間變得更有價值**。貨幣購買力變高也許聽起來不是壞事，但是當通貨緊縮與利率相互作用時，會造成貨幣政策難以處理的經濟衰退。

實質利率（real interest rate）等於名目利率（nominal interest rate）減去通膨率。如果名目利率是七％而通膨率是三％，那麼借款人實際上只要付四％實質利率。想像名目利率是七％而通貨緊縮率是二％（意即通膨率是負二％），在這個情況下，實質利率其實是九％，比名目利率高。這樣一來，無預警的通貨緊縮，使借款人的實質利息變高，導致大量放款收不回來。銀行面對意外損失，變得較無能力且較無意願承作新放款。貨幣與信用創造開始收縮，以至於總體經濟需求下降，最後很容易變成經濟衰退。

這裡出現了雙重危機：在通貨緊縮引起經濟衰退後，貨幣政策將難以運作。我們假設中央銀行看到經濟衰退出現，想要採用擴張性貨幣政策，於是動手調降名目利率，且一而再、再而三地調降，一直降到接近〇%的狀態。但如果此時出現五%的通貨緊縮率，那麼即使名目利率是〇%，實質利率卻是五%。中央銀行無法使名目利率變成負數，因此即使是最積極的公開市場操作，也無法在通貨緊縮期間，把實質利率降到〇%以下。例如一九三〇年代初期，美國通貨緊縮率是六．七%，所以實質利率非常高。這是經濟大蕭條如此糟糕的原因之一。很多借款人不得不拖欠貸款，導致許多銀行破產。經濟開始陷入惡性循環，銀行越來越少，使得放款越來越少，接著是總合需求越來越少。害怕通貨緊縮，是聯準會在二〇〇八年開始實驗量化寬鬆政策的理由之一。

並非每次通貨緊縮都會導致嚴重的景氣蕭條（depression）⑬。例如，日

⑬經濟大蕭條：指一九二九～三九年的全球經濟不景氣。起始為一九二〇年代的美國，隨經濟成長，市場融資炒作風氣盛行，資金在房市和股市流竄，隨後因聯準會升息至五%，導致美股於一九二九年十月二十九日崩盤，道瓊單日重挫二三%（俗稱黑色星期二），一九二九～三二年間，美股下跌超過八〇%。歐美經濟連動性提高，隨美國經濟崩盤，銀行轉向歐洲抽回銀根，促使歐洲各國也進入蕭條。接著美國在一九三〇年六月十七日又通過法案對三千多項進口商品課以六〇%的高關稅，全球採取關稅壁壘報復，國際貿易完全停滯。到了一九三二年，全球貿易總值只剩下不到一九二九年的一半。一九三三年時，美國失業率達二五%，歐洲英德等國亦高達三三%。

本從一九九八年以來經歷溫和的通貨緊縮，每年在一％左右。雖然經濟在這段期間表現得不太好，但平均每年也都成長大約一％。歷史上甚至曾出現通貨緊縮與快速成長共存的例子。美國經濟從一八七六～一九九〇年這四分之一世紀經歷了通貨緊縮，每年大約是一．一％。通貨緊縮是這段期間的常態，但當時的實質GDP也快速擴張，每年大約是四％。即使是在通貨緊縮的環境，銀行、企業與消費者也可以適應調整。

中央銀行需要提防通貨緊縮。事實上，很多央行的目標是讓通膨率保持在二％上下而非〇％，這可保留些緩衝空間，以避免可能的通貨緊縮。但除了美國一九三〇年代的經濟大蕭條（Great Depression）——那次有可能出錯的每件事幾乎都出錯——這類嚴重情況之外，通貨緊縮不一定會帶來經濟災難。

貨幣政策也可以用來促進經濟成長。如同先前所談到，經濟成長的主要決定因子是人力資本、實體資本與技術投資，它們在市場導向的環境下交互作用。當通膨率和利率既低且穩定時，最適合提出長期規畫來促進投資。中央銀行想要營造的經濟環境，是企業藉由更好的生產力與創新來獲利，而非藉由通膨的把戲，或試圖猜測金融市場波動來獲利。一九七〇年代美國生產力成長大幅減緩，大約同一時間出現通膨率大增的現象，雖然兩者間難以推論出嚴謹的統計關係，但很多經濟學家懷疑在已開發國家中，通膨率提高或反覆無常，會干擾企業和家庭對於長期經濟成長的努力或投資。

金融泡沫可以預防嗎？

貨幣政策是否應該用來處理金融泡沫是有爭議的，例如一九九〇年代後期美國股市飆升，或二〇〇〇年代中期美國房市上漲。這裡首先定義經濟學家所謂的「泡沫」（bubble），可能會對接下來的說明有幫助。**當價格上升不是出於商品本身的任何特色，而是因為投資人期望價格持續上升時，稱之為泡沫。**泡沫會創造其自身的動能，因為很多人突然購買往往會推升價格，但這個動能無法永遠持續下去，當足夠多的人認清泡沫無法維持的時候，價格就會暴跌。

當泡沫正在形成時，很難被發現。例如一九九〇年代後期的美國股市，有人把股價飆漲歸因於網際網路與相關新技術，認為它們創造了未來龐大獲利的可能性；有些則認為股價高只是因為投資人預設股價會漲得更高。二〇〇〇年代中期，有些經濟學家認為房地產漲勢可撐到二〇〇四年左右，但隨後在二〇〇五與〇六年卻轉變為泡沫。當下要判斷價格的上漲已經超乎理性且轉為泡沫，總是有爭議的。

當資產價格泡沫爆裂時，對社會來說可能是很難熬的。然而，中央銀行基於幾個理由，在過去並沒有對資產泡沫花很多心思，其一是我們剛才說過的，很難判斷某個東西在什麼時候是泡沫，什麼時候不是。我們真的想讓央行來決定何時股價太高、應當下跌？此外，使泡沫破裂的環境，需要收縮性貨幣政策與較高的利率，處理不好就可能引起經濟衰退。是否值得冒這個險，來戳破泡沫呢？在泡沫破裂且經濟衰退隱約出現時，央行可以運用貨幣政策來對抗經濟衰退。在二〇〇七～二〇〇九年經濟衰退之前，聯準會就避開了有關資產泡沫的決策。但自從經濟衰退以來，國際貨幣基金（International Monetary Fund，ＩＭＦ）等單位的經濟學家開始提議，在某種程度上，中央銀行應該把資產泡沫納入考量。

我們早先討論過自發性與權衡性財政政策的差異，貨幣政策也有相似的分野：貨幣政策應該在中央銀行權衡之下實施，或者應由特定規則來引導？

權衡性貨幣政策的問題在於經濟是不可預測的。中央銀行有每週七天、每天二十四小時研究經濟的專家，因此，有人認為央行應該要有彈性，能診斷經濟問題並在情況發生時做出回應。但是權衡性貨幣政策也有一些實際面問題，例如時間落後、過度反應的風險，以及經濟學家所謂的「推繩子」（pushing on a string）。

首先，時間落後問題是指貨幣政策牽連甚廣，中央銀行必須能察覺經濟情勢、召集會議及採取行動。政策改變需要時間透過銀行體系傳遞，然後企業和消費者必須對銀行的改變做出反應，但這些事都需要時間，例如**突然降息的貨幣政策，可能要十二～十八個月才能完全發揮效果**。

第二，過度反應的風險是指，貨幣政策可能會比它想解決的問題帶來更多問題。傑出的普林斯頓經濟學教授艾倫．布蘭德（Alan Blinder），曾任聯邦準備理事會委員，他提出一個貼切的比喻：假設你晚上住在一間旅館，你感覺房裡很冷，於是調高空調的溫度設定，但似乎沒什麼效果；但時候已不早且你也累了，於是你一口氣把溫度設定調很高，然後上床睡覺。結果半夜你醒過來，感覺像做蒸汽浴，於是蹣跚下床把溫度調降。結果早上你醒來時，感覺房間冰得像冷凍庫。這個比喻的教訓是，倘若你的政策需要花一些時間才會出現效果，就會讓你很容易出手過猛。旅館房間這種事還不致釀成悲劇；但若動的是貨幣政策，過度反應可能會帶來總體經濟的大災難。

第三個問題是，貨幣政策對緊縮經濟的效果可能比刺激經濟的效果好。就像你可以牽馬到水邊，但不能逼牠喝水；中央銀行可以向銀行買債券，讓銀行有更多的錢去貸放，但不能強迫銀行貸放這些多出來的錢。如果銀行因為害怕太多人拖欠放款所以不願意貸放，那貨幣政策在對抗經濟衰退時就幫不上太多忙。二〇〇七～〇〇九年經濟衰退後，銀行及其他金融業握有大量現金，但在經濟前景不明的情況下，銀行仍不願放貸。中央銀行官員常用一句話描述這個問題：**貨幣政策就像拉或推一條繩子，你拉繩子時，它會向你移動，但當你推繩子時，它會彎折起來而繩尾不動如山**。當中央銀行透過收縮性政策拉繩子時，它可以明確地提高利率並降低總合需求；但若試圖透過擴張性政策推繩子，只要銀行仍決定不放款，那麼貨幣政策不會有任何效果。這不表示擴張性貨幣政策根本行不通，而是因為它不總是可靠的。

最後一個問題是，由於來自政治人物或公民的壓力，這些人可能對什麼是最重要的政策目標，或應該多積極操作貨幣政策有不同看法，這種見機行事的彈性，讓央行——再沒有別人——可自由決定這些選擇。

通膨目標化

這些議題（尤其是過度反應的風險）引起了經濟學家的興趣，想要發展中央銀行必須遵循的規則。全世界設定貨幣政策最常見的方法或許是所謂的「通膨目標化」（inflation targeting）。目前有二十多個國家的中央銀行，依法必須以維持低通膨為第一要務。歐洲中央銀行（控制歐元）的法律，甚至把價格穩定作為主要目標，並規定每年通膨率為二％。通膨目標化的優點是使央行負起責任而且透明化。美國聯邦準備理事會卻是例外：它依法必須兼顧失業率與通膨率。在實務上，這似乎表示聯準會應該在經濟衰退時降息，並且在通膨形成威脅時升息。

沒有任何高收入國家，是透過政府立法或行政機關來實施貨幣政策，而是以中央銀行作為代理機構，稍微獨立於政治之外。為什麼要用這種方式實施貨幣政策？財政政策實際上是透過選任的政府官員來執行歲入與歲出政策，貨幣政策為什麼不比照辦理？

換個角度來看這個爭論，使中央銀行與日常政治隔絕後，其成員可以自由地在一年多次、用相當快的速度做出解決棘手問題的決策；如果要透過國會做這類決定，可能會更困難。用日常的民主程序來控制貨幣政策，確實不切實際。再者有一個顧慮是，政治人物總會要求更多貸款及更低利率，畢竟政治人物不想接受一些不受歡迎的事實，例如自然失業率，或是只靠貨幣政策無法快速修復房市泡沫或金融危機。對於貨幣政策的政治控制，只會更容易偏向更高的通膨率。

是否用民主程序來控制貨幣政策？這方面的辯論並未消失，但是二十一世紀第一個十年全球最常見的趨勢，是制定中央銀行應遵循的具體規則（例如通膨目標化），然後放手讓央行達成該目標，而不是用民主程序來控制。

第十四章

國際貿易利益

The Gains of International Trade

相似商品跨國界的貿易，會對國內生產者
造成更大的競爭，而競爭有助於低價和創新。

大多數經濟學家都贊成國際自由貿易，我也是。但即使我相信貿易就整體而言是有幫助的，仍然需要考量它的成本與效益。

先從一些基本觀念開始探討。最近幾十年全球化（這時代的流行語之一）的程度如何？有一個簡單的衡量指標，是出口占全球GDP的比率。一九五〇年代，全球出口大約是全球GDP的七%。目前大約是二五%，所以出口成長已經超過三倍。美國經濟也有類似的模式，一九五〇年代出口大約占美國GDP的三%，二〇〇〇年代中期已占到一二%。貿易成長同樣超過三倍。當人們談起全球化，所談的其實正是這個趨勢。

國際貿易為什麼可為所有參與國家創造雙贏，有幾個理由。來自貿易的潛在利益可以分為三大類：**絕對優勢**（absolute advantage）、**比較優勢**（comparative advantage）以及**動態利益**（dynamic gains）。

從貿易條件來看，如果一個國家可以用更高的生產力製造某商品，無論是每小時有較高的產出，或是達到同樣產出的投入要素較少，使**一國在某商品的生產力凌駕另一個國家，經濟學家稱之為絕對優勢**。舉例來說，假設這個世界只有兩個國家：美國與沙烏地阿拉伯。相較於沙烏地阿拉伯，美國在種植小麥有絕對優勢，而沙烏地阿拉伯在生產石油有絕對優勢。這不是說沙烏地阿拉伯沒有農田，或是美國沒有石油，只是說一個國家對於特定商品的生產力勝過另一個國家。在這個情況下，如果它們發揮自身的絕對優勢然後彼此交易，雙方就可以用較低的成本生產它們想要的小麥與石油。發揮自身的優點，兩個國家都會變得更好。

貿易利益的概念簡單易懂，但我們現在要想像一個更困難的情況：一個國家在所有領域的生產力都有絕對優勢，另一個國家在所有領域都是絕對劣勢。在這裡我用美國與墨西哥為例，這個說明方式不是完全公正或準確，但還說得通。在一個廣泛的商品與服務市場，相較於墨西哥，美國擁有教育程度較高的工人，較佳和較新的資本設備，以及較佳的通訊、電力與運輸等基礎設施。但我們仍然有可能把美國與墨西哥之間的貿易，看成對雙方有利的事情，比較優勢的理論可以解釋其中緣由。

一國在生產某商品或服務時，如果此時生產力優勢最大或生產力劣勢最小，我們說該國生產這個商品或服務有比較優勢。舉個例子：假設我有兩份主要工作，編輯經濟學文章和打字，也假設我有一個祕書，而且我做這兩份工作的速度都比祕書還要快，我在這兩個領域都有絕對優勢。這樣一來，我應該做這兩份工作嗎？當然不是。相較於我的祕書，我可能在編輯經濟學文章有較大優勢，但我在打字方面只有較小優勢。我每天只有這麼多工作時間，如果我專注於編輯（此時我的生產力優勢最大），而雇用一個祕書來打字，那麼就可以完成更多工作。

回到美國與墨西哥的例子。從較高的生產力來看，相較於墨西哥，美國生產電腦非常有利，生產紡織品則是稍微有利。這樣一來，美國應該生產所有的電腦與所有的紡織品，在這兩個領域和墨西哥都沒有貿易嗎？不是的，理由就如同我不應該同時做編輯與打字。如果美國專注於電腦，而墨西哥聚焦於紡織品的生產，這兩個商品的總產出可以變得更高，然後這兩個國家可以彼此貿易，結果雙方都會變得更好。

貿易競爭的好處

絕對優勢與比較優勢兩者都是關於國家之間的貿易，兩國有不同的生產力且銷售不同的產品。然而，全球貿易有一半以上是在類似的國家之間發生，尤其是全球的高收入國家，例如美國、加拿大、日本、澳洲以及歐盟國家。這些國家之間有很多貿易牽涉到購買及銷售相似的產品：例如美國從歐洲進口汽車，也出口汽車到歐洲；或是日本出口電腦到美國，也從美國進口電腦。此外，彼此有貿易往來的高收入國家，大致上也有類似的薪資水準。

這種非常相似的產品貿易，對兩個國家的經濟有什麼好處呢？第一個好處是**使較小的國家能夠善用規模經濟**。像英國這樣的中型經濟體，如果有一大堆汽車公司而且沒有國際貿易，每家公司勢必會很小，因為英國買車的人就只有那麼多。這類公司無法善用規模經濟，無法像大型汽車公司可以用較低的平均成本來生產。然而，當英國的一些汽車大廠可以同時為國內消費與出口而生產時，它們就可以善用規模經濟。

這種貿易的第二個好處是**多樣性的利益**。再一次，想像英國這樣的中型經濟體，一家汽車大廠可以提供該國一年所需的所有汽車。但由於規模經濟，這家汽車大廠也許只能在一種車款做得非常好，例如生產小型、節能的城市車。如果英國市場想要有很多不同車款（小型車、家庭房車、跑車、休旅車），就可以透過國際貿易獲得多種選擇。

第三個好處：**相似商品的貿易，使產業能有更高度的專業化。這有時稱作「價值鏈分解」**，例如汽車是由很多個別部分所組成，有低技術部分（例如座椅外層的布料），也有高技術部分（例如電腦和引擎），加上一個組裝過程。當類似國家之間發生貿易，汽車的某些部分是在某國製造，其他部分是由別的國家製造，然後汽車可能又是在另一個國家組裝。如果這個過程允許每一方專注於特定、專業的任務，那麼它們都可以變得更有生產力。

第四個好處：**相似商品的貿易，可以助長知識與技能的流動**。幾十年前，日本公司發明了所謂及時生產的存貨管理系統，讓存貨維持在很低的水準，而且供應品只在需要的時候才運送到工廠。後來發現，對一些產業而言，這是一個很有效的生產排程方法。美國從日本學到這個觀念並且採用，於是有了觀念的交流，而不只是商品與服務的貿易。

最後，相似商品跨國界的貿易，會對國內生產者造成更大的競爭。而我們也知道，**競爭有助於低價和創新**。

擴大國際貿易的國家與經濟成長良好的國家，兩者在實證上有強烈的相關性。此外，不用擴大貿易就很富裕的國家根本找不到例子。世界銀行幾年前曾針對這主題出版一份研究，它們把全球經濟劃分為兩群：全球化的國家，其出口占GDP比率在一九八〇年代和九〇年代加倍；非全球化的國家，其出口占GDP比率在這段期間下降。全球化的國家，包含中國、印度、墨西哥以及全世界大部分的高收入國家，總共大約三十億人，其人均GDP在一九九〇年代每年上升五%。在非全球化的國家包含非洲大部分國家、中東和俄羅斯，其人均GDP在一九九〇年代每年平均下降一%。

然而，國際貿易只是有助於經濟成長的眾多因素之一，但可能不是最重要因素。教育程度差、投資低、運輸與通訊基礎設施缺乏、貪汙腐化、法律規範弱的國家，即使擴大國際貿易也無法挽救一國經濟。此外，全球化的好處是千真萬確的，但這些好處是產業重整並把當地經濟導向全球經濟的結果。

全球化下的國界壁壘

全球化的程度到底有多深？全球經濟有多麼接近無國界市場？也許令人驚訝的答案是，即使在二十一世紀，國界仍然是很重要的因素。讓我來提供一些佐證。

衡量國界的重要性，其中一個方式是把國界內（大都會區、州或地區）的貿易與跨國界的貿易做比較。如果國界不重要，那麼跨國界往返的貿易，應該與國內各地區之間的貿易大致相同。舉例來說，加拿大皇家銀行首席經濟學家約翰．麥凱勒（John McCallum）一九九五年有一份研究，比較加拿大各省與美國各州之間的貿易。研究顯示，把距離和當地經濟規模做調整後，加拿大各省之間的貿易會是它們與美國各州之間貿易的二十倍左右。後續的估計倍數有稍微降低，但我們仍經常看到，全球收入最高的一些國家，在國內各城市或地區之間的貿易通常是它們與跨國界的相似城市或地區之間貿易的三～十倍，可見國界的影響力很大。

無國界世界的另一個測試方法：**一國的東西價格和另一國非常相近嗎？**考慮各市場常見的一些可貿易商品，例如電視、汽車或牛仔褲，它們的價格在明尼亞波利、芝加哥、聖路易大致相同；但與莫斯科、孟買相同嗎？有很多調查證實並非如此。有個方式可以看出這種差異，那就是觀察當匯率移動時，價格發生什麼變化。如果跨國界的價格都是相同的，它們應該隨著匯率等比例移動。但結果顯示，在不同國際市場，匯率變化只有一半會反映在價格上。

國界為什麼是重要的因素？雖然我們經常認為自己生活在全球化的經濟體，但運輸與通訊網絡通常都是在國內發展，我們的心中有國界，因而不去從事跨國界的活動。每當企業跨越國界，就必須處理不同的法律與租稅體系，必須處理不同的語言與文化，不同的通貨、勞動法、安全規範、會計準則以及貿易法規。有人研究估計這些因素的成本，發現在**跨國界時，可能使商品價格增加四〇%**。簡言之，跨國界的成本仍然是重要的，無論是好是壞，我們尚未接近一個無國界的世界。

基於各種理由，國際貿易在未來很可能持續增加。世界貿易組織（WTO）制定的國際貿易協定，有助於擴展貿易，新技術促使運輸成本降低而且使資訊交流的成本變小。這些因素不但使協調國際貿易變得更容易更便宜，而且也促進了服務業的貿易，這些服務可在其他國家執行，從電話客服中心到稅務或甚至安排

X光檢查等事情。過去在全球貿易占比不大的主要經濟體，例如中國、印度和巴西，正積極投入全球市場，而全球很多其他國家例如非洲，也正摩拳擦掌。

自由貿易的公共話題通常是產品標籤的問題，而且緊咬著公平性的概念。有些美國人和歐洲人覺得「不公平」，它們與中國、印度、墨西哥或波蘭的生產者競爭，但這些國家的工資水準較低，對於汙染防治與工作場所規則也有不同的法律。公平這個觀念，經濟學家很難討論，它看起來經常像是「公平」，卻又暗示「我不認為我們應該從其他國家進口東西」。關於限制進口的爭論，可以用更具體的理由（例如工作、工資與環境的考量）來評估，我們將在下一章討論。

第十五章

保護主義論戰

The Debates over Protectionism

保護主義是政府對國內產業提供間接補貼，
由國內消費者用較高的價格買單。

雖然大多數經濟學家都支持自由貿易的力量，但他們也承認自由貿易有可能造成經濟混亂或崩潰。因此，經常有政治壓力要求限制進口。這些措施一般稱作「保護主義」，因為法律限制進口，是為了保護國內產業免於外國競爭。

實施保護主義有幾個方式：進口配額（import quota）是對進口採取數量限制；關稅（tariff）是提高進口成本的一種稅。國家可能會加入自願限制出口協議，但有時不是真的自願，而是在威脅下談判，如果一國不「自願」降低出口，那麼另一國就會制定配額或關稅。一九七〇年代及八〇年代，美國即要求日本加入這種協議，限制日本出口鋼鐵到美國。最後，形成了非關稅障礙，裡面的繁文縟節包含為了限制進口而設立直接或間接的各種管制流程。例如，想像一個假設的規則，進口到美國的所有電視機都必須拆開包裝檢查，而且要拉到美國國土中央的堪薩斯州中部的一個倉庫一台一台檢查。這類規則所造成的時間成本和不方便，無疑會抑制進口。

受保護的產業因為所面臨的外國生產者競爭變少，就可能收取較高價格，賺取較高利潤。保護主義，用經濟專有名詞來說，只是政府對國內產業提供間接補貼的一個方式，由國內消費者用較高的價格買單。至於鋼鐵等原物料通常雖不是由個人來消費，但購買成品或服務的消費者最終仍須付出較高的價格，因為成本會轉嫁到消費者身上。

保護主義能保障就業機會？

關於產業補貼，或許最著名的論點是保護主義可以使國內工人受益。這個論點有四種不同考量，其中比較有說服力的是：進口可能影響國內工人可得的工作總數量，進口可能影響平均薪資水準，進口可能造成產業崩壞、工人失業，進口可能導致整個社會的工資不均惡化（即使平均工資上升）。我們依序來探討這些論點。

毫無疑問，保護主義是一種補貼手段，可以幫忙留住某些產業的就業機會。然而，沒有理由相信保護主義能增加社會的就業機會。反之亦然，沒有證據顯示國際貿易使就業機會減少。曾有一個鮮明的例子，發生在一九九〇年代初期討論北美自由貿易協定（NAFTA）時。總統候選人羅斯・裴洛（Henry Ross Perot）[14]反對

⑭ 羅斯・裴洛（1930-）：德州富豪，一九九二年美國總統候選人。

協定，他說：「如果在美國和墨西哥之間有自由貿易，那麼你會聽到美國工作機會被南方墨西哥吸走的一股巨大聲浪。」北美自由貿易協定在一九九四年通過，隨之而來的是美國歷史上工作機會成長率最佳的七個年頭。吸走工作的聲浪則從未出現。

經濟理論也主張國際貿易與國家的整體就業水準無關。循環性失業與經濟榮枯有關，自然失業率則與勞動市場誘因有關，這兩種失業都與貿易無關。想像一個極端案例：封殺其他國家的所有進口，就能解決失業問題嗎？當然不會。最重要的是，其他國家也會報復，我們會失去出口相關的工作。如果其他國家不能在美國賣東西，它們不會想要美元，而且它們也不會買美國出口品。**如果沒有貿易，整體失業率其實可能會和過去差不多**。

保護主義作為一個維持高工資的手段，效果如何？保護主義是對產業的補貼，無疑有助於該產業的工資。然而，這不表示整個社會的工資都會變高。被保護產業的工資變高，是以提高商品價格為代價，所以其他人都付出了代價。工資終究取決於生產力，如果自由貿易提升了生產力，也會有助於平均工資逐漸增加。

進口商品確實會使兩國的產業失調，使得與進口商品競爭的國內產業失去訂單，並且使出口產業增加產量。但正是這種破壞機制，使貿易為社會帶來經濟利益。在美國或較龐大的經濟體中，工作隨時都在增減，因為有些企業失敗後縮編，而有些公司成功後擴大。大部分訂單轉移的原因，不在於某些產品的銷售上升或下降，而是由於國內競爭、公司的管理階層與工人素質，以及和國際貿易無關的其他因素。

保護主義可以降低一個經濟體的所得分配不均嗎？一九七〇年代及二〇〇〇年代中期，美國的所得不均上升，對於其中有多少是因貿易而引起，曾有一番爭論。得出的共識是**全球化的確會稍微影響所得不均，但不是最大因素**。資訊與通訊技術改善了高技術勞工的生產力，似乎是更重要的因素。此外，在《個體經濟篇》第十六章〈所得不均〉當中也討論到，全球化只能是一個較小的因素，一方面是因為美國的國際貿易多是和高工資國家往來，另一方面是因為美國大約三分之二的工作，根本不會與進口品有競爭。美國律師不會與日本律師有多大競爭，在紐約賣房子的房地產經紀人不會與在倫敦的經紀人有競爭。如果要修車，你不會把車從佛羅里達送到巴西給人修理。很多工作不會與進口有競爭，而且無法委由外國生產者提供。因此，雖然貿易對工資不均有些影響，但不是主因。此外，不必祭出貿易限制，工資不均的問題也有更好的解決方案。

貿易拉大窮國與富國差距？

有人認為貿易會拉大全球富國與窮國的所得差距。過去一個世紀，全球最富裕的國家變得越來越富有，而較貧窮的國家並沒有多大進展，兩者人均GDP呈現背離的現象。然而，富國擁有財富，並不是因為它們讓撒哈拉沙漠以南的非洲、印度部分地區或中國西部地區變貧窮。這些地區不是因貿易而貧窮，它們的貿易並不多。真要追根究柢，它們的貧窮是因為缺乏貿易。全球所得差距提高，不是因為全球化傷害了貧窮國家，而是因為它們沒有參與全球化。經濟發展的熱門成功故事，例如日本、南韓、中國以及現在的印度，基本上是運用對外貿易作為主要成長引擎之一。

保護主義還有什麼其他爭議？人們有時會爭論新產業，也就是「幼稚產業」

（infant industry）需要保護，讓它們不受外國競爭，直到它們建立足以在全球市場競爭的規模及專業能力。這個論點言之成理，但是在實務上，這些幼稚產業通常不會變大變強，國家反而會因為要支持它們而蒙受損失。一九七〇年代發生一個經典案例，當時巴西決定保護其稚嫩的電腦產業免於進口競爭，結果到了一九八〇年代後半，巴西電腦產業落後別人大約十年，這在電腦產業是很長的時間。這不單是電腦產業的問題，思考一下會用到電腦的其他巴西產業：金融、工業、通訊，都使用了落後十年的電腦來跟全球競爭。過時且沒有競爭力的電腦產業已經夠糟了，但是巴西在保護該產業的同時，也阻礙了其他產業的發展。

南韓是保護幼稚產業且運作結果相當好的例子，政府補貼某些產業，例如重型營建設備製造業，但如果該產業在預設的時間內，沒有達到某種程度的國際銷量，所有的補貼會被切斷。因此，短期保護是伴隨著預設要在全球市場上競爭的截止期限。然而，南韓與東亞其他國家經濟成長的基礎並非幼稚產業政策，而是實體資本、教育訓練與採用新技術的高投資報酬率。雖然這些國家保護一些幼稚產業，但仍大力扶持農業等傳統產業。

關於保護主義的另一個爭議，是外國生產者可能有不公平的優勢，因為它們國家的環保標準比美國低，因此生產成本較低。這個論點很薄弱，環保成本只占總成本的一小部分，在美國大多數產業也許只占二%。此外，當國家變得更富裕（這是國際貿易的部分結果），往往會使其環境變得更乾淨，畢竟它們有更多資源可花費在環保問題上。事實上，跨國企業會在其他國家帶頭降低汙染，因為它們會把在歐洲或美國開發的汙染防治技術帶到低收入國家。降低貿易會使環境變好，是錯誤想法。

對於國際貿易的另一個顧慮，是掠奪式定價的問題，或稱**「傾銷」（dumping）：這種作法是以低於成本的價格銷售，將競爭者趕走，一旦取得獨占地位後再提高價格**。美國市場有很多國際競爭者都遭受這種指控，尤其是進口鋼鐵的生產者。這方面的案例比比皆是，例如汽車、鋼鐵、電視機的製造業，外國競爭者在這些領域使美國廠商面臨很大困境，甚至被迫退出市場。但很難找到一個案例說，外國廠商因而能夠賺取到獨占利潤，畢竟外國生產者仍然必須彼此競爭。例如，日本車在美國汽車市場賣得很好，但本田與豐田仍然彼此競爭激烈，同時也與其他車廠競爭。就定義而言，傾銷不只是傷害國內生產者而已，如果沒有發生獨占者收取高價的事實，傾銷就不成立。

人們爭論保護主義的理由，有時會說某些產品對國家安全至關重要（例如石油），所以不應該仰賴外國供應。我的邏輯和他們不同。正因為石油是極其重要的資源，所以更應盡其所能的進口，把石油儲備起來，不要耗盡我們國內的資源，這樣不是更有道理嗎？我們不應該未雨綢繆保存自己的重要資源嗎？如果這個極其重要的產品是一項新技術，盡快擁有最好的技術，學會它，未來有能力在國內生產，的確比較合理。此外，人們很容易濫用國家安全的藉口，限制進口商品。美國政府在一九五〇年代開始，基於國家安全的理由，針對軍人制服所需的毛海（mohair），提供廠商補貼，直到二十一世紀的今天還在補貼，雖然它已經有幾十年沒有用來做制服了。

人們對保護主義有很多爭議，但只有少數是有說服力的；而我們總會有比削減進口更好的辦法，可以來處理這些爭議。值得回顧的是，全球經濟在走過二十世紀兩次世界大戰及其間的經濟大蕭條，經歷過國際貿易急遽衰退的日子。在那時期之後，政府察覺到限制貿易對大家都不好，因此在一九四七年簽署關稅暨貿易總協定（GATT）國際條約。一九九五年，GATT轉型為世界貿易組織。區域自由貿易協定在全球遍地開花，例如北美自由貿易協定以及過去的歐洲共同體（European Community）。事實上，有些人說區域貿易協定就像一盤義大利麵，把一個國家到另一國的各種貿易協定攪在一起。一般而言，這種模式的貿易協定已經成功了。基本關稅從一九五〇年代的四〇%掉到現今的四%，使得國家之間的貿易變得容易得多。這些國際貿易協定的使命，也擴大到服務業貿易、環境及勞動議題。

各國簽署國際貿易協定以支持自由貿易，與人們加入健康俱樂部然後報名運動課程的理由幾乎相同。這些國家知道他們將不斷受到保護主義誘惑，總是會有某些產業特別受到外國競爭，因而對這些貿易協定不友善。這些產業將組織起來，遊說政治人物以尋求保護。在美國政治體系中，有組織、對結果的利害關係大的特定利益團體（例如尋求保護的某個產業）勝過沒有組織、人數較多的團體（例如消費者），並把成本分攤在後者身上，這種情況屢見不鮮。而各國簽署自由貿易協定，就像是把手都牽起來，反倒使保護主義無計可施。

經濟全球化的趨勢勢必仍將持續，驅動因子有三：（一）通訊與運輸技術發展，使全球的經濟連結更容易。（二）國際條約降低貿易的法律障礙。（三）中國、印度、巴西等出口導向經濟體的崛起。每個重大的經濟變化都會帶來挑戰與破壞，全球化也不例外，但全球化的整體方向也將提高全世界的生活水準。

第十六章

匯率

Exchange Rates

利用穩定或緩慢變動的匯率，
可創造有利於貿易與投資的環境。

一九九五年，舊金山聯邦準備銀行經濟研究員肯尼士．卡薩（Kenneth Kasa）發表下列看法：

如果你隨機抽樣詢問經濟學家，請他們舉出人類所面臨最困難的三個問題，答案可能會是：一、生命的意義是什麼？二、量子力學與廣義相對論之間的關係是什麼？三、外匯市場是怎麼回事？（數字不代表優先次序）

曾經去國外旅行的人都處理過匯兌的事，但很難解釋匯率為什麼處於目前的水準、價值為何會一直改變，以及對於匯率應該做些什麼事。我們先來釐清一些名詞，因為談到匯率，常會用到被嚴重誤導的專有名詞。

舉例來說，每個人都知道「強勢」是好的，而「弱勢」是壞的，對吧？把它套用到金融環境，「升值」是好的，而「貶值」是壞的，沒錯吧？但用在匯率上，這兩句都是錯的。當談到價格時，「高」是好是壞取決於你站在交易的哪一方。生產者希望生產的東西是高價，相對的消費者偏好低價，而我們大多數人同時扮演這兩個角色——工作時是生產者，買東西時是消費者。匯率只是一個價格，一國貨幣可以依此價格換成另一國貨幣。強勢貨幣表示可以換到的他國貨幣變多，弱勢貨幣則是可以換到的他國貨幣變少。因此，如果在美國要買進口商品，你會喜歡強勢美元，可以購買很多他國貨幣。如果在美國要出口商品，你會偏好弱勢美元，以便當你把出口收入從外幣轉換回美元時，你會變得更有錢。

如你所預期，國際貨幣市場是供給與需求的問題。外匯市場的供給方是誰？需求方是誰？我們舉美元市場來回答這個問題。如果你是在國外旅行的美國遊客，你持有的是美元，也就是說你付美元然後兌換成外幣。而在美國市場銷售的外國公司賺到美元以後，需要轉換成當地貨幣，以便用當地貨幣付款給員工、供應商和股東。因此，在美國銷售的外國公司是美元的供給者及當地貨幣的需求者。想要投資其他國家的美國投資人，在外匯市場也是美元的供給者，若想要投資於德國，他們會需要歐元。

外匯市場誰要美元？當然就是上述三組人馬的反方。到美國的外國遊客供給他們自己國家的貨幣，並且換取美元。美國的出口商賺到外國貨幣，但他們需要換成美元來生產商品以及付款給美國工廠的員工。最後，想要購買美國資產（股票、債券或房地產）的外國投資人，起初持有本國貨幣，後來需要美元來購買美國資產。

當美元走強，可以買到的外幣變多時，供給美元的人將從中獲益，而需要美元的人將蒙受損失。當美元走弱，可以買到的外幣變少時（或是外幣可以買到的美元變多時），供給美元的人將蒙受損失，而需要美元的人將從中獲益。

具體來說，上面這段話是什麼意思？如果你是在海外的美國遊客，美元走強是好的，因為可以買到更多外幣，使你可以在旅行時花更多錢。但如果你是來到美國的外國遊客，你希望本國貨幣可以買到很多美元，因此你會偏好美元走弱。

外國企業把商品出口到美國，會偏好強勢美元，因為它們賺的是美元，可以拿來換更多的本國貨幣。這也表示，購買進口品的美國消費者，應該也喜歡較強勢的美元，這使他們能購買世界各地更多的商品。另一方面，美國的出口商偏好弱勢美元與較強勢的外幣，因為它們賺取的是外幣，但付款是用美元。弱勢美元實際上可抑制企業的費用，同時維持高利潤。基於這種模式，美元走強往往會傷害出口商、幫助進口商，並會降低貿易順差、提高貿易逆差。另一方面，美元走弱會助長出口、抑制進口，並會降低貿易逆差或提高貿易順差。

外國投資人在美國的情況又如何？他們喜歡強勢美元，如此從投資所賺到的美元會更值錢，當他們把美元換成當地貨幣時，換得的錢會變多。然而，強勢美元會傷害海外的美國投資人，因為他們是賺取外幣，當他們把外幣轉換成美元時，換得的錢會變少。因此，**強勢貨幣有助於外國資金的淨流入，弱勢貨幣則會抑制資金流入**。強勢貨幣往往會抑制出口、提高進口並導致貿易逆差；就投資而言，強勢貨幣有助於資金流入。這兩個句子在本質上是相同的：畢竟，貿易逆差象徵外國資金流入。換句話說，強勢美元有助於外國人投資美國資產，而不是購買美國商品。反之，弱勢美元有助於外國人購買美國製的出口品，而不是投資美國資產。

購買力平價匯率

全世界有超過一百五十多種不同貨幣。依照字母順序排列，從阿富汗的阿富汗尼（afghani）、阿爾巴尼亞的列克（lek），到尚比亞的克瓦查（kwacha）、辛巴威的辛巴威元。但是對美國經濟最重要的貨幣是其主要貿易夥伴的貨幣，例如加拿大幣、人民幣、歐元和日圓。

從第二次世界大戰結束到一九七〇年代初期，外幣匯率是固定的。一九四四年七月簽訂的布列敦森林協定（Bretton Woods Agreement），創立了國際貨幣基金會（ＩＭＦ）與國際復興開發銀行（通稱世界銀行）。起初ＩＭＦ的工作之一是使匯率固定在適當的位置，所有的貨幣都可以用某個比率轉換為黃金。然而，當經濟力量想要調整匯率時，ＩＭＦ就無法把匯率維持在固定水準。一九七三年開始允許匯率浮動，意即匯率主要是由供給與需求來決定，偶爾才有政府干預。

浮動匯率經證實是劇烈震盪的，常常在幾年期間內上漲下跌三〇％以上。聯準會計算美元的平均匯率，根據每個國家和美國的貿易量加權，大貿易夥伴的貨幣，相對的權重較大。根據這個平均值，一九八一～八四年美元的價值上漲三〇％，然後在一九八五～八八年下跌二五％，一九九九～二〇〇一年上漲一〇％，二〇〇三～〇八年下跌一〇％。美元相對於個別貨幣的短期（一天或幾個月）匯率變動，通常比上述平均值高很多。

長期來看，經濟學家相信匯率將朝向**「購買力平價」**（purchasing power parity）匯率移動，或稱**ＰＰＰ匯率**。在世界銀行推動的國際比較計畫（International Comparison Program）中，一群經濟學家使用一籃子的國際貿易商品，來計算所有國家的ＰＰＰ匯率，這些商品包含電視、小麥與石油。假設在美國購買以美元計價的某一組國際貿易商品，然後在另一個國家購買以該國貨幣計價的同樣一個籃子商品，購買力平價匯率就是：無論用哪個國家的貨幣購買這一籃子商品，其成本都相同時的匯率水準。

匯率為什麼最後會趨向ＰＰＰ匯率？原因是其他情況原本就不穩定。如果國際貿易商品在一國比另一國便宜很多，便有人可以先在便宜的國家買入，然後在昂貴的國家賣出，從中獲利。最終，這個過程會改變供需的數量，使匯率朝向ＰＰＰ匯率。這個理論也說明匯率將依兩國通膨差異而調整，畢竟ＰＰＰ是與商品與服務的實際購買力有關。如果你的國家每年的通膨率比其他國家高五％，那麼在這一組國際貿易商品上，你的錢每年會比其他國家少買五％的商品。

然而從短期與中期來看，匯率通常不會接近ＰＰＰ水準，也不會朝它移動。相反的，匯率會相當明顯的波動，這個波動主要是由預期報酬率改變所驅動。全球經濟體的總出口每年大約是十五兆美元，但外匯市場在二〇〇七年每天的交易總值卻是二．三兆美元，顯然其中很多貨幣的交易理由與商品與服務的國際貿易無關，而與財務投資有關。當國際投資人想知道他們在哪裡可以得到最佳報酬率時（無論是投資於美國、歐洲、巴西或俄羅斯），他們的決策不會只看投資報酬率，而且要看現在與未來的貨幣匯率。

舉例來說，如果我是美國投資人，在巴西投資賺到二〇％報酬率，但巴西貨幣在這段期間貶值了三〇％，那麼這筆投資對我就沒有任何好處。因此，當人們考慮在其他國家投資時，他們思考的是：「我預期該國的匯率將走強或走弱？」這個行為啟動了一個自我實現（self-fulfilling）的期望循環。如果人們認為一國的貨幣將走強，他們會投資於那個國家。當他們投資時，對該國貨幣的大量需求就會使它走強。但這個自我實現的期望循環無法永遠持續下去：預期貨幣將上漲，導致貨幣實際上漲，再引發對於上漲中的貨幣有更高預期，然後進一步實際上漲。在商品市場上，我們把這種行為稱作泡沫，而外匯市場充斥著大大小小的泡沫隨時在擴張或爆裂。在某個時間點，匯率終將回歸到PPP匯率。

有些人主張應該由市場決定匯率，這的確是美國多數時候的匯率政策。反對者則主張外匯市場相較於其他市場是變動不休的，即使龐大的經濟體可以容許該國匯率在市場自由浮動，但對進出口值占該國GDP一半以上的小經濟體而言，要採取不干涉的態度是有困難的，因為匯率大幅波動會對他們的經濟造成很大干擾。

如果政府想管理匯率，通常會追求穩定或緩慢移動的匯率，來創造有利於貿易與長期投資的商業環境。這個邏輯和維持低通膨的理由相似：經濟政策的目標應該是鼓勵企業致力於提高生產力，與它們在全球市場的比較優勢。沒有國家希望它的企業花費不合理的時間，去擔憂如何自保不受匯率波動影響，或把心思放在如何從這些波動中獲利，而非從生產與銷售中獲利。

外匯市場與匯率干預

政府的首要目標，是使貨幣維持某種程度的穩定。經濟學家有時會建議一國貨幣貶值，幫助出口商變得更有競爭力，並且在出口導向的產業中創造更多工作機會。潛在的經濟因素雖然有時會使貨幣貶值，但貨幣貶值並非經濟永續成長的正道，畢竟，弱勢貨幣不只能使出口商更有競爭力，對於購買進口商品（例如石油）的消費者和所有企業來說，弱勢貨幣也使所有進口品變得更貴。從長期策略來看，一個國家不應持續讓其貨幣貶值。

政府可能會試圖控制匯率。例如，收縮性貨幣政策可以提高利率，全球投資人為了較高的投資報酬率，會去投資該國貨幣，進而使匯率走強。相反的，擴張性貨幣政策可以降低利率，使得該國貨幣不那麼吸引外國投資人，讓匯率走弱。然而，如果一國運用貨幣政策來影響匯率，它就不能同時以貨幣政策對抗通膨或失業。例如，一國遭受某種負面的經濟衝擊，導致匯率走跌。如果想讓匯率上漲，該國將需要收縮性的貨幣政策以提高利率，使匯率與貨幣變得更有吸引力；但收縮性貨幣政策卻又會衝擊國內經濟。面對這樣的選擇，多數國家會優先振興國內經濟，而非穩定匯率。

控制匯率的另一個替代方案是在外匯市場直接買賣本國貨幣。想使貨幣走強，可以在外匯市場買入該國貨幣；想使貨幣走弱，則賣出自家貨幣。但這種直接買賣的方法有其限制，當一國賣出自家貨幣時，它會拿到某個國家的外匯存底（foreign exchange reserve）。因此，只要該國願意持續建立外匯存底，它就可以賣出本國貨幣。而當一國買入本國貨幣時，它需要擁有某個國家的外匯存底才能購買。因此，只要該國擁有外匯存底，它就可以持續買入自家貨幣，然後在某個時間點，這些儲備會用完，讓你無法不斷買入自家貨幣。買賣本國貨幣往往只是短期辦法，並非長期政策。

所有政府在管理匯率時，會遇到兩個實務上的問題。首先，外匯市場會猜測政府動向。例如，如果外國投資人預期政府會放手讓貨幣貶值，他們就會搶先賣出該國貨幣，使得讓國貨幣立刻開始下跌；如果政府改變心意，投資人就可能再度買進，貨幣就會升值。相信政府可能採取什麼手段干預匯率，這個預期本身就會使其匯率劇烈波動。

第二個問題是政府很難決定一個合乎現實的匯率。長期而言，貨幣需要反映購買力平價，它需要反映貨幣實際上可以買到的東西。如果政府把貨幣固定在一個不合乎現實的價格水準，無論是高或低，結果都會造成不平衡及財務壓力。如果政府想讓貨幣過於強勢，就不利該國未來的出口，而且會產生龐大的貿易逆差。若政府讓貨幣過於弱勢，該國將出現大幅貿易順差，而投資資金將不斷流出。同樣的，投機客將開始預期貨幣走向，迫使政府出手干預，運用利率或直接買賣來遏阻投機客。讓匯率保持固定，違反了外匯市場潮流，也是一種矛盾的作法。

近年來經濟學家的普遍看法是，一國可以選擇讓匯率浮動或固定，但不應經常處於中間立場，用一種不可預測的方式，偶爾讓匯率浮動。這種半吊子政策的結果，經常是匯率暫時維持穩定，但不久就會有一波劇烈波動，這會嚴重衝擊中小型國家的經濟。

美國本身沒有必要太關心匯率，畢竟絕大多數的美國經濟活動都發生於國界之內，而在美國五十州的共同貨幣，是一種永久固定匯率的形式。加州的貨幣等於紐約州的貨幣，同時也等於德州的貨幣。全美各地的固定匯率，大幅促進美國境內的貿易。但是亞洲、拉丁美洲與非洲國家，以及尚未引進歐元的許多歐洲國家，則必須為了處理各種貨幣匯率而制定匯率政策。由於全球化的關係，美國經濟與世界各國已更緊密連結，匯率議題必然也將對美國日益重要。

第十七章

國際金融風暴

International Financial Crashes

遭遇金融危機的國家都有某些共同點：
國家ＧＤＰ會大幅萎縮。

每隔幾年，新聞頭條都會出現某國經濟受到國際金融危機衝擊的報導。回溯一九八〇年代，拉丁美洲很多國家在全球資本市場過度借款，無力償還貸款。一九九〇年代，墨西哥無法償還負債。國際金融危機在一九九七年衝擊東亞國家，一九九八年是俄羅斯，二〇〇一年是土耳其，二〇〇一～〇二年是阿根廷。二〇〇七～〇九年經濟衰退以來，沒有國家不履行其債務，但PIGS四國——葡萄牙、愛爾蘭、希臘、西班牙——仍相當混亂，可能拖欠其借款。要警惕的是，放眼未來十或二十年，美國政府如果不改變舉債作法的話，可能也將無力償債。

這些國家是怎麼了？這問題結合了我們討論過的一些元素：國際資金流動規模的擴大、匯率變動且難以採行固定匯率、銀行體系崩潰。然而，真正的問題是政府無力償還財務負擔。

遭遇金融危機的國家都有某些共同點：**國家GDP會大幅萎縮**。例如，墨西哥經濟在一九九五年萎縮六％，印尼在一九九八年萎縮一三％，阿根廷在二〇〇二年萎縮一一％。相較於先前在二〇〇一年或一九九〇～九一年的經濟衰退，二〇〇七～〇九年美國經濟衰退時間較長且影響較深，理由就在於金融危機。

國際金融危機有一種模式，細節則因不同案例而有差異。遭遇金融危機的國家在危機發生前，也會出現大量的外資淨流入（通常達GDP的四～七％）。這些國家變成海外財務性投資的熱門標的，當外資湧進該國銀行與金融體系時，銀行放款就會大幅擴張。由於某些非常寬鬆的放款慣例，這些國家面臨了本國銀行放款有很高比例未按時償還的情況。這些國家的股市也一樣，外資流入使股票需求大幅提高，很快推升股票市值，導致股市在相當短的時間內大漲五〇％。但之後，這些促使銀行額外放款及股市上漲的外資，就會停手或撤出。

外資與匯率連動

我們很難明白國際資金為何如此轉向，就像是問什麼原因造成擠兌。有時星星之火可以燎原。一九八〇年代，拉丁美洲國家在利率低時大量借款，但後來利率上升便無力償還。一九九〇年代一度流行投資東亞國家，但泡沫最終破滅。最近，希臘過度舉債以支應政府高額開銷，愛爾蘭過度借款以致房市供過於求。國際資金一旦轉向，轉變可能又快又猛。金融市場的確有追逐趨勢的傾向，當這些小國的股市上漲，借錢給這些國家看來似乎是個好主意，於是金錢大量湧入，超乎當地經濟可以妥善管理的程度。經濟學家稱之為「過度調整」（overshooting）。但在某個時間點，當地經濟會明顯變得無法管理這些資金。很多銀行的放款收不回來，公司股價看起來異常偏高。當資金開始撤出，往反方向的整個過程經常會再次過度調整。

隨著資金大量湧入這些國家然後撤出，匯率會劇烈波動。當外資大量湧入一個國家，很多人搶買該國貨幣，使得貨幣迅速走強。而當這些財務投資撤出時，每個人都想拋售貨幣，使得匯率大幅下降。例如，阿根廷披索在二〇〇二年一月一日約一美元，只不過六個月，國際資金撤出後，一披索只值二十八美分。金融危機發生時，一國貨幣貶值一半以上是很常見的事。記住，外匯市場會受到自我實現預期的影響。

匯率波動甚至可能引發更大問題。開發中國家在國際市場上借款，大部分是借主要貨幣，通常是美元，有時借歐元或日圓。因此，當泰國借錢時，泰國銀行會借以美元計價的資金，但用泰銖貸放出去。為了進一步說明，我們假設有一家銀行借來一百萬美元，用四十泰銖對一美元的匯率轉換後，貸放給一家泰國公司。這家公司用泰銖還款給銀行，接著銀行再把泰銖轉換為美元以償還原來的貸款，到目前為止一切正常。但如果公司還款給銀行之前泰銖貶值五〇％，會發生什麼事？四千萬泰銖不再是值一百萬美元，而是只值五十萬美元，結果銀行沒有足夠的錢來償還貸款。現在想像一下這狀況若在泰國各地發生，基本上可說泰國最大的銀行都同時破產，情況越來越糟。就像大多數國家一樣，泰國政府有存款保險，當銀行破產時，政府有責任償還銀行存款。龐大款項占了ＧＤＰ一〇％以上，因此政府也會面臨龐大的預算赤字。

很多低收入與中收入國家期待穩定的外資流入，不但可帶來實體資本資金，也伴隨著管理知識、國際商業往來、精良的員工訓練以及技術提升。這些國家一方面需要使外國投資人有興趣來投資，一方面要降低國際資金流突然U形反轉導致經濟崩盤的風險。有什麼政策可供選擇？

首先，為了減輕衝擊，國際貨幣基金（ＩＭＦ）有權放款給遭遇金融風暴的國家。ＩＭＦ成立於一九四五年，是聯合國促進國際匯率穩定的官方機構。一個國家遭遇金融危機時，ＩＭＦ隨時可提供放款，不只是暫時或短期放款，也有長期放款可幫助國家因應這些變化。ＩＭＦ有一個理事會，是由世界各地的代表組成，每年開會一次；也有二十四人的執行董事會，每週開會數次。執行董事會的常任成員有美國、日本、德國、法國、英國、中國、俄羅斯及沙烏地阿拉伯，其他十六個席次則是由ＩＭＦ成員選舉。按照規定，每一票的重要性是以該國經濟規模而定，所以美國比其他國家有更大的表決權，但大多數的日常決策其實是採共識決。

ＩＭＦ放款是有條件的：例如政府必須採取措施降低某種補貼、降低預算赤字或是設立更多的金融規則。在某些情況下，ＩＭＦ可說是管太多了，從原先提供忠告，到插手規定有爭議的經濟政策細節。難處在於ＩＭＦ像消防局：是有幫助，卻只在危機發生後才出現。若能在一開始就避免起火會更理想。但怎麼做呢？一個是政府出手管制，阻止外資流出該國，但法律不易執行。若一個國家涉入全球經濟，它有進口與出口，就必須讓金錢在該國進出。要找出任何一筆金錢流出都是來自健康的貿易，或是要阻止投資資金撤離，都不是簡單的任務，財務人員深諳以會計帳目掩飾資金的變動差異。此外，在國際銀行帳戶可自由移轉資金的世界裡，如果一國政府暗示它可能阻止資金流出，金錢就會立刻撤出，因而造成或惡化了其原先試圖避免的問題。

或許政府管制的最佳作法是少擔心資金撤離，而是一開始就該提防讓什麼樣的錢進來，這個方式至少對一九八〇年代的智利是有效的。一般而言，外資可以分為兩類：一是購買有形的公司或工廠之直接投資（direct investment），二是購買股票或債券等金融工具之證券投資（portfolio investment）。直接投資比較不可能迅速撤出，因為一時衝動賣掉工廠是有難度的，而且直接投資者比較偏向長期收益。因此，如果中小型國家打算管制外資，鼓勵直接投資可能是最佳作法。

政府也可以透過對銀行與金融體系加強監督，來降低該國金融風暴的風險。例如，察覺自身有外匯風險的銀行，較好的作法是雙管齊下，降低風險規模。本章開頭提到一些金融危機國家，該國政府在過去有段時間把匯率保持在幾乎相同的水準。固定匯率並非官方政策，但是大約有十或十五年，銀行與公司開始假設該國匯率不會波動，當匯率真的波動時，他們並沒有做好準備。政府的金融監理人員可以要求銀行為匯率波動做準備，也可以讓匯率在一段期間內容許某種程度的浮動，使銀行處理這類浮動成為常態。政府也可以只限針對個人提供存款保險，而讓公司自力救濟，來減輕政府自身遇到金融危機時的風險。這麼做也為公司提供了誘因，讓他們意識到外匯波動時面臨的風險，並自謀因應之道。

金融風暴以後

對於經歷金融危機的國家，有經濟學家倡議一種類似破產法庭的國際機制。其用意是，如果外國投資人知道他們會被某個可預測的程序公平對待，就不會這麼快抽走資金。但這種機制需要很多國際協定，而如何執行也不清楚。較溫和的替代方案是，在國際債券合約的條文細項中，加入更多條款說明國家無力償還時的處理方式，以使過程更透明化，且投資人可將風險納入考量。到了二〇〇〇年代中期，已有部分國家開始實施。整體而言，世界各國對於持有更多外匯存底、推動銀行與企業辨識匯率波動風險，與擬定詳盡的國債合約，都因此變得機靈許多。

美國遇到國際金融危機時會怎樣？美國和許多小國家的情況相當不一樣，

部分原因在於美國可以用自己的貨幣借款，因此它的銀行體系穩健，不受匯率牽動。如果美元真的貶值，它甚至可以降低美國公司積欠外國投資人的負債成本。美國早已經歷過美元大幅貶值的情況，並沒有顯著的負面效果。很多外資是以變動報酬資產的形式流入美國，例如股票與房地產，這種投資和借款相反，不要求固定回收，它只會跌價但不會拖欠款項。

然而，雖然匯率波動會使國際金融危機惡化，卻不是引爆危機的必然條件。葡萄牙、愛爾蘭、希臘和西班牙（PIGS四國）在二〇〇〇年代中期可以共同貨幣的歐元來借款，有助規避匯率風險。然而，希臘的借款是用來支應不斷提高的龐大預算赤字⑮。在愛爾蘭，外資流入愛爾蘭的銀行，銀行則把這些錢用來承作房地產放款。當愛爾蘭的房地產泡沫破滅時，銀行發現自己破產了，愛爾蘭政府於是介入並保證所有國內外投資人都不會有損失。政府保證阻止了金融恐慌，但也付出龐大的代價。

導致二〇〇七～〇九年經濟衰退的美國金融危機，基本上是自作孽而非國際引起。次級房貸的風潮、房市泡沫以及泡沫破滅，這都是當時經歷的過程。但是

⑮希臘預算赤字：從一九七四年希臘民主黨執政以來，大額公債預算是該國經濟發展模式的顯著特徵。希臘政府已經習慣用預算赤字支付公務員薪資、保險費與其他福利支出。從一九九三年起，政府負債占GDP比重一直維持在一〇〇％以上。

美國經濟在二〇〇〇年後面臨巨大貿易逆差，反映的是大額的國際資金淨流入。貿易逆差通常是在GDP的四～五%範圍內，每年五千億美元以上。外國的中央銀行，尤其是日本、中國以及東亞各國，一直儲備龐大的美元資產。在二〇〇九與二〇一〇年，美國政府開始衝高預算赤字，二〇〇九年是美國史上預算赤字最高的年度，高達一．四兆美元。從歷史水準來看，當時的預算赤字占GDP比重非常大。美國政府借款的資金需求，大部分都被世界各國的國際融資放款所填滿。然而，世界各國終究不會無止境地增加美元資產的部位。

即使美國不太可能遭遇全面性金融危機，但外國投資人漸漸變得不願意把資金停泊在美國境內，這種情況會導致長期、緩慢的經濟崩跌。如果美國出現成長遲緩甚至是外資流出的情況，那麼政府就必須做出調整。國民儲蓄與投資恆等式指出，調整方式有以下三種：（一）增加私人儲蓄，以補足外資撤出的缺口，但實際上不太可能，因為美國的私人儲蓄率一向相當低。（二）減少政府借款，這表示必須同時削減支出與增加稅收。（三）減少實體資本與新技術的民間投資，然而這會傷害經濟的長期成長。

即使是龐大的美國經濟體，也無法依賴外國投資人無休止地增加美元資產，三個選項的某種組合終將發生。找出降低預算赤字或增加私人儲蓄的方法，會是比較可行的選項。相反的，排擠投資與降低長期經濟成長，都將付出慘痛的代價。

第十八章

全球經濟觀點

A Global Economic Perspective

未來的經濟，
在不斷的挑戰與崩解中，將出現巨大機會。

世界的經濟越來越整合，世界貿易組織等機構正在降低貿易與金流的法規障礙；通訊與資訊變得更便利更便宜，使得全球生產也變得更容易合作；商品移動的成本下降，不只是飛機、陸路或船舶運送實體產品的成本，以網際網路方式寄送數位商品與服務的成本也是。全球經濟變得較不受國界所限，越來越全球化。

檢視全球經濟現況時，先從全球GDP和人口開始是很有用的，然後再把不同類型的國家GDP和人口拿來比較。標準的分類方法是首先區隔高所得國家（美國、加拿大、歐盟、日本等），然後把世界按區域劃分（東亞與太平洋區、東歐與中亞、拉丁美洲與加勒比海區、中東與北非、南亞與撒哈拉沙漠以南的非洲）。世界銀行用這個方式把世界各國分類，並提供資料使我們能快速瀏覽全球經濟。

全球GDP在二〇〇九年大約是五十八兆美元（按目前美元價值推算），全球人口在當年有六十八億人，因此，全球人均GDP約八千五百美元。高所得國家人口總共約占全球人口的一六％，但產出占全球GDP的七二％，其人均GDP大約是三萬七千美元。高所得國家都面臨各種爭論與問題，包含失業、政府預算赤字以及如何因應人口老化。這一群國家幾十年來的經濟成長平均為二～三％。在二〇〇七～〇九年由於全球金融危機，使這些國家經濟停滯，但長期而言，它們有龐大的基礎建設優勢，有教育程度佳的勞動力與良好的人力資本，有強大的實體資本投資率，也擅長發展及應用技術，而且市場制度運作良好。

區域經濟掃描

東亞與太平洋區最大的經濟體，包含中國及所謂東亞「老虎」（印尼、泰國）等國。這些國家占全球人口的二九％，中國本身就占全球人口大約五分之一。這些國家的總產出占全球GDP的一一％，該地區的人均GDP約三千三百美元，差不多是高所得國家人均GDP的十二分之一。然而，這個地區是過去幾十年來主要的經濟成功案例，最初是一九七〇年代與八〇年代四小龍經濟快速成長，然後是中國經濟在過去三十年的快速成長。該地區長期成長主要可歸功於良好的基礎：高儲蓄率、高國內投資率以及致力擴大公共教育所建立的人力資本。

這些國家有很高的意願進口技術並且學習善用，也極願意提供市場誘因給生產者，並且融入全球經濟。即使是中國，也從中央集權的計畫經濟，轉向市場經濟。

東歐與中亞地區最大的經濟體是俄羅斯，但波蘭與土耳其的ＧＤＰ也很可觀。這個區域大約占全球人口的六％，產出占全球ＧＤＰ的四．五％。因此，人均ＧＤＰ約六千四百美元。該地區涵蓋的國家很廣，從西部的波蘭與捷克共和國，到中部的俄羅斯聯邦與土耳其，然後一直到東部的哈薩克、塔吉克與吉爾吉斯共和國。對這麼龐大的地區一概而論是有風險的。我在回顧時仍然感到驚奇，一九五〇年代到八〇年代後期，人們在談論蘇聯經濟時，彷彿它可以和美國或西歐的經濟相提並論。很多人（即使是經濟學家）都被蘇聯的奧運與西洋棋冠軍、太空計畫以及莫斯科發展不錯的部分所欺騙，但其實當時的蘇維埃陣營整體的人均ＧＤＰ非常接近墨西哥或巴西的水準，而非美國。該地區的國家，按世界標準來看，有教育程度良好的人民，也與歐洲高所得國家有良好關係，但它仍然處於過渡時期，正試圖擺脫過去數十年承襲共產主義的政府固定補貼，以及有缺陷的法律制度。

旋風般的環球之旅，下一站是拉丁美洲與加勒比海地區，其中最大的經濟體是巴西、墨西哥與阿根廷。該地區占全球人口的八．五％，產出占全球ＧＤＰ的七．二％，換算人均ＧＤＰ約七千二百美元。一九七〇年代及八〇年代，該地區很多國家有些特別的問題：龐大的政府負債、金融危機、損害長期成長的內部導向型（inward-looking）保護主義貿易政策，以及可怕的通膨（有時瀕臨惡性通膨）。度過了二十一世紀前十年，這些國家大致上已經擬定總體經濟政策，他們已經駕馭進而消除惡性通膨，大致（雖然不是完全）放棄保護幼稚產業，而且把部分國營事業民營化，也減少價格管制，經濟表現越來越好。他們目前最優先的施政項目之一是，處理教育程度與醫療水準的巨大不均，這些不平等成了腐敗和民粹主義的溫床，只會妨礙經濟成長。拉丁美洲與加勒比海區，也需要嚴肅看待全球經濟競爭，這些國家仍然有太多市場障礙及貿易障礙，即使在該地區內部也是一樣。

接下來是中東與北非。這個地區最大的經濟體是沙烏地阿拉伯、伊朗與埃及。這個地區大約占全球人口的五％，產出占全球ＧＤＰ的二％，人均ＧＤＰ約三千二百美元。考量此區的地緣政治重要性（即石油），令人感到震驚的是，該地區的經濟規模並不是很大。如果不是因為石油，它幾乎不可能在全球經濟中占有一席之地。這個地區長期的經濟前景似乎不穩定，人力資本投資不高，教育程度欠佳，尤其是女性。除了石油產業，實體資本投資亦低。市場制度（例如金融與法律等市場經濟的基礎條件）缺乏妥善發展，政治自由有限，而人口成長率一直很高。未來數十年間，該地區將出現非常多教育程度低的年輕工作者，我們完全不清楚要如何吸收這些人力。石油產業是高度資本密集產業，不可能雇用他們。政府已經有預算赤字，不可能提供公部門工作機會。民間沒有能力向外擴張，也無法吸引工人加入。

南亞地區最大的經濟體是印度，其他大國包含巴基斯坦與孟加拉。這個地區大約占全球人口的二三％，但產出只占全球GDP的三％。該地區的人均GDP是一千美元，非常貧窮。但有振奮人心的跡象，印度正在降低對經濟的重重管制，並往市場誘因及全球導向邁進。印度目前在經濟上是兩極化的國家：就如某位經濟學家形容的，一部分是矽谷，另一部分是撒哈拉沙漠以南的非洲。印度大致上仍是一個低所得國家，但某些產業非常有競爭優勢，尤其在高科技與服務業的貿易方面。

撒哈拉沙漠以南的非洲有四十八個國家，其中最大的經濟體是南非，人口最多的國家則是奈及利亞。這個地區占全球人口的一二％，但總產出占全球ＧＤＰ不到二％，人均ＧＤＰ約一千一百美元，類似南亞的情況。然而，近年來非洲出現了一線曙光，非洲的教育程度與醫療措施在最近數十年大幅改善。舉例來說，自一九六〇年以來，兒童死亡率降低一半以上。一九六〇年只有約一％或二％人口接受中等教育，如今大多數國家已經達三〇％或四〇％。部分非洲國家有了扎實的經濟成長，尤其是南非，按照世界標準已經屬於中所得國家。然而，非洲還有很多人過著僅能餬口的生活，他們國家最好的情況是治國無方，最壞的情況是混亂或內戰。

經過這一趟旋風式的巡禮，我想要花一些時間討論中國與印度的具體情況，因為這兩國擁有全球最多的人口。中國在二〇〇九年大約有十三億人，印度是十一億人以上，合計超過全球人口的三分之一。兩國仍然非常貧窮，中國的人均

ＧＤＰ在二〇〇九年大約是三千七百美元，印度的人均ＧＤＰ約中國的三分之一。然而，這兩國近年來也呈現強勁的經濟成長。中國的實質ＧＤＰ，自一九八〇年代以來每年成長大約九％，印度的實質ＧＤＰ在過去十年每年成長六～八％。別忘了快速成長的威力：每年成長率九％，中國的經濟規模每隔八年會變成二倍；每年成長率七％，印度的經濟規模每隔十年會變成二倍。

對窮人來說，過去幾十年世界上最大的變化是中印兩國爆炸性的經濟成長，讓更多人擺脫生存邊緣貧窮（subsistence poverty）的最低水準，比人類歷史上的其他事件都更快實現。有趣的是，這兩個國家是以不同方式達到如今的成就。中國專注於製造業，有一個相當自由的市場經濟，以及不民主的政治體系。印度則是聚焦於技術與服務業，在民主的政治體系中自我修正變得更市場導向。考量這些差異，如果印度未來幾十年的經濟表現比中國亮眼，我一點也不意外。

全球經濟的重大議題

未來數十年內（不是短期幾年內），全球經濟面臨的主要危險會是什麼？

舉例來說，貿易戰爭有可能使全球經濟陷入癱瘓嗎？經濟史學家告訴我們，在十九世紀末到第一次世界大戰以前，曾經也有全球化的時期，然而因接二連三的戰爭、反貿易的政策，以及經濟大蕭條而終止。這些情況有可能再次發生嗎？朝向自由貿易的基本動能從未停歇，貿易成本不斷下降，通訊變得越來越容易，全球商業版圖、國際法律與金融、國際運輸在未來變得更容易管理。此外，也會持續有因善用貿易而獲得的經濟利益。

能源短缺的影響又如何？在未來三十～四十年，石油和天然氣價格可能大幅上漲，但供給不太可能出現嚴重不足。隨著能源價格變高，運用科技煉解化石（例如油頁岩與油砂）的開發成本變得划算。新興技術將發現新能源，或更有效使用現有資源，並且產生各種替代品。值得注意的是，近年來所取得的經濟利益，大多已經不是來自依賴大量能源的舊產業，而是資訊電腦等產業，因此，我不認為能源危機在未來幾十年內，會使全球經濟偏離軌道。

環境危機會終結經濟長期成長嗎？美國社會為維護環境付出的成本大約占GDP的二～三％。這個成本似乎是固定的，不會隨著時間增加。因此，當經濟成長時，不用投入更多資源，就可以持續使環境變得更清潔。另一個好消息是，快速成長的國家例如中國、印度與墨西哥，已經比一個世紀以前的美國更加意識到環保的重要；這些國家的空氣和水的品質，按美國標準來說還不夠好，但已正在改善。大致上，更富裕的世界更有意願在環境保護上花費資源。把能源稅作為降低汙染的誘因，事實上也會降低能源危機的風險。結合經濟成長與環保進展，將是一個持續不斷的挑戰，它在經濟上確切可行，只要政治上衷心護持。

人口成長的速度，會超過全球經濟成長的速度嗎？這個擔憂在一九六〇年代與七〇年代的暢銷書中尤其常見，但目前的思考更著重在國家人口結構變化，出生率下降且平均壽命上升。在日本和西歐國家，人口結構變化是如此明顯，以致人口數量在未來半個世紀將大幅減少。即使在很多低所得國家，其出生率相較於一九六〇年代與七〇年代也是一路下滑。如同我老婆常說的，當女性的教育程度提高以及避孕變得很容易時，事情的轉變是令人驚訝的。目前預測在二〇五〇年左右，全球人口將超過九十億，之後會持平或下降。藉由適當投資農業研發來養活全球人口，應該是有可能的。

在你聽到關於經濟政策的辯論時，每件事都似乎會造成威脅。但未來的經濟，在不斷的挑戰與崩解中，將出現巨大機會。**世界經濟將不再是固定成長式的零和遊戲，美國經濟的成長也不必犧牲其他國家**。相反的，本質上像是一種合作創業，如果每個國家在遍布全球的貿易、生產、技術與知識的網絡上合作，大家便都能更快速成長。但在這網絡內，每個國家仍然掌握著自己的命運。若一國的政策有助於建立人力資本與實體資本、創造並推廣新技術、改善法律與金融的基礎設施以支援市場競爭，那麼國家的經濟就會成長。反之，若無法建構一套成功的政策，經濟成長將節節落後。

確實有一些原因，讓人擔心美國經濟未來的競爭地位。我們需要在小學、中學及大學教育上著手，需要處理個人與政府過度舉債的文化。我們需要在實體資本與不斷發展技術上，創造投資誘因，需要為人口老化做好準備，並正視醫療成本上升的問題。這些議題都很實際，但也是各國終將自行面對的問題，無論歐洲、中國、印度或拉丁美洲的經濟情況如何，我們的未來掌握在自己手裡。

美國第三任總統傑佛遜（Thomas Jefferson, 1743-1826）曾說：「有知識的公民，是一個共和國正常運作所不可或缺的要素。」美國經濟制度十分健全，但它也需要有知識的公民於公於私認真支持。於私是扮演工作者、管理者、消費者、儲蓄者、投資人與創業家的角色；於公則扮演公民、選民和政治人物的角色。本書秉持尊敬市場力量的精神，但也承認這些市場力量有時可能失靈。我們相信政府的政策可能有時非常有用，但也明白在某些情況下，不僅沒用甚至弄巧成拙。這本書試圖呈現兼顧短期需要與長期成功因素的觀點，讓讀者有能力看清世界各區域的經濟議題。

經濟學的觀念與洞察方法，提供讀者有用的語彙系統，清楚演繹全球不斷演進的經濟中，一定會發生的事與可能的權衡取捨關係。在很多情況下，經濟學不會給你單一的答案，但可以引導我們找出更條理分明、更深思熟慮的解方。

總體經濟篇　總結

總體經濟學是總合的、由上而下的觀點，把整個經濟視為一個大型有機體。

以下是一些重大概念：

- 總體經濟政策的四個目標是：經濟成長、低失業率、低通膨率、可支應成長的貿易餘額。討論總體經濟政策的架構稱作總合供給與總合需求模型。
- 財政政策和貨幣政策是總體經濟政策的兩組主要工具。前者是政府稅收和支出的政策，包含政府預算和預算赤字。後者指中央銀行的政策，會影響利率、信用、借款與放款。
- 出口大於進口，該國就有貿易順差；進口大於出口則有貿易逆差。這是關於金錢的流向，及哪邊的金流比較大。

- 凱因斯法則（需求創造其自身的供給）注重短期幾年內的景氣循環，賽伊法則（供給創造其自身的需求）傾向於更注重長期。
- 使社會的總合需求或購買力提高的政策，稱作擴張性或寬鬆的財政政策，包含減稅與增加支出。反之則為收縮或緊縮的財政政策，包括增稅或減少支出。

未來的經濟，將不再是固定成長式的零和遊戲，而像是一種合作創業，如果每個國家在遍布全球的貿易、生產、技術與知識的網絡上合作，大家便都能更快速成長。

零基礎也不怕，
史丹佛給你最好懂的經濟學：總體經濟篇

The Instant Economist：
Everything you need to know about how the economy works

〔本書為改版書，初版書名為《史丹佛給你讀得懂的經濟學：給零基礎的你，36個經濟法則關鍵詞》〕

作者	提摩太・泰勒 Timothy Taylor
譯者	林隆全
審訂	王培煜
商周集團執行長	郭奕伶
視覺顧問	陳栩椿
商業周刊出版部	
總編輯	余幸娟
責任編輯	羅惠萍　涂逸凡
封面設計	Javick 工作室
版型設計製作	廖婉甄
出版發行	城邦文化事業股份有限公司 - 商業周刊
地址	115020 台北市南港區昆陽街 16 號 6 樓
	電話：（02）2505-6789　傳真：（02）2503-6399
讀者服務專線	（02）2510-8888
商周集團網站服務信箱	mailbox@bwnet.com.tw
劃撥帳號	50003033
戶名	英屬蓋曼群島商家庭傳媒股份有限公司城邦分公司
網站	www.businessweekly.com.tw
製版印刷	中原造像股份有限公司
總經銷	聯合發行股份有限公司　電話：（02）2917-8022
修訂初版 1 刷	2019 年（民 108 年）6 月
修訂初版 11.5 刷	2024 年（民 113 年）4 月
定價	320 元
ISBN	978-986-7778-69-7

國家圖書館出版品預行編目 (CIP) 資料

零基礎也不怕，史丹佛給你最好懂的經濟學：總體經濟篇
/ 提摩太 . 泰勒
(Timothy Taylor) 著 ; 林隆全譯 . -- 修訂初版 . -- 臺北市 :
城邦商業周刊 , 民 108.06　面 ;　公分
譯自 : The instant economist : everything you need to know about how the economy works
ISBN 978-986-7778-69-7(平裝)

1. 總體經濟學

550　108007757

金商道

The positive thinker sees the invisible, feels the intangible,
and achieves the impossible.

惟正向思考者，能察於未見，感於無形，達於人所不能。 —— 佚名